가치
VALUE

하나님을
인생의 가치로 여긴
사람들의 고백

가치

VALUE

김 현 지음

추천의 글

할렐루야! 주 안에서 사랑하는 동역자 김현 목사님의 두 번째 책 발간 소식은 제게 정말 큰 기쁨입니다. 주님의 몸 된 공동체에서 함께 하나님 나라를 꿈꾸며 무릎으로 기도하던 목사님의 순전한 믿음과 설교의 은혜를 책으로 다시 만나볼 수 있게 되었으니 말입니다.

하나님이 소중히 여기시는 가치를 성경에 등장하는 인물들의 입장에서 해석하는 방식은 이전엔 접해 보지 못한 신선한 시도입니다. 나를 향한 하나님의 뜻과 그 사랑을 1인칭 시점에서 전달함은 그 인물과 시대 배경을 온전히 해석해야 가능하기에 목사님의 묵상 내공이 참으로 깊음을 드러냅니다. 동시에 성경을 어려워하는 이들이 쉽게 하나님의 하나님 되심을 묵상할 수 있도록 한 깊은 배려가 느껴집니다.

이 책은 읽는 내내 내 인생에 가장 중요한 '가치'가 무엇인지를 묻게 합니다. 그 의미에 집중하며 창조의 하나님, 구원의 하나님, 사랑의 하나님을 찬미하게 됩니다. 한 마디로 예수 그리스도를 통한 은혜의 본질을 꿰뚫는 탁월한 책입니다. 바라기는 『가치』를 접하는 모든 독자가 인생의 값진 가치가 무엇인지를 깨달아 더욱 하나님을 사랑하고, 주를 기뻐하기를 소망합니다. 좋은 책 내주셔서 정말 감사합니다.

김은호 | 오륜교회 담임목사

김현 목사님의 책은 특이합니다. 처음 책을 접했을 때 '인물 연구인가?'라는 질문을 했습니다. 그런 측면이 없는 것은 아니나 읽어보니 그런 것이 아니었습니다. '가치Value'라는 주제로 전체의 인물들을 엮은 것이 특이했습니다. 더 특이한 것은 그들에 대해 서술한 것이 아니라 성경의 인물들이 직접 우리에게 각자가 가졌던 가치에 대해 고백하고 나누는 형식이었습니다. 우리가 주로 하는 '그들'에 대한 분석이 아닌 그들 스스로 한 '자신들에 대한 분석이었습니다. 성경 인물들의 고백과 간증을 듣는 느낌입니다. 그러기에 너무나 쉽게 그들의 삶의 고백을 통해 나의 삶의 가치를 뒤돌아보게 하는 힘이 있습니다. 더 더 특이한 것은 그러면서 구약의 인물이 복음도 전한다는 것입니다. 더 더 더 특이한 것은 그러면서도 그들에 대한 성경의 지식도 은연중에 가르쳐 줍니다. 죽음을 보지 않고 죽은 에녹이 우리에게 나누고 싶은 가치가 무엇인지 아는가? 궁금하면 이 책을 읽어보시라. 나는 처음부터 예수님의 가치가 제일 궁금했습니다. 궁금하면 이 책을 읽어보시라. 읽다 보면 빨려 들어가는 효과를 맛볼 수 있을 것입니다. 무조건 이 책을 기쁜 마음으로 추천합니다. 일석삼사조를 얻을 것이라 믿기 때문입니다.

김윤희 | 횃불트리니티신학대학원대학교 총장

김현 목사님은 성聖과 속俗 모두에서 무시로 주님을 묵상하고, 하나님의 거룩한 진리를 담대하게 선포하는 진실한 사역자입니다. 성경을 해박한 지식으로만 풀지 않고, 삶의 현장에서 경험하는 성령의 역사하심과 주님의 은혜 가운데 깊은 묵상을 이끌어내는 균형 잡힌 사역자이기도 합니다. 이 책은 그런 김현 목사님의 사역 철학이 오롯이 담겨 있습니다. 하나님의 뜻은 성경과 현장에 답이 있고, 주님의 은혜는 삶에서 만나는 하나님으로부터 주어지는 선물이라는 것입니다. 1인칭 주인공 시점이라는 다소 파격적인 구성으로 하나님 아버지의 마음을 알아 가는 여정은 꽤 창의적입니다. 마치 독자들이 성경 인물의 '내'가 되어 주님이 소중하게 여기시는 가치를 알아 간다는 것이 인상 깊습니다. 그런 섬광 같은 예지가 독자들의 심령에 하나님의 마음을 선명하게 전달해 주리라 기대합니다.

  무엇보다 하나님의 사람으로서 김현 목사님의 글들은 항상 영혼을 안온하게 하는 부드러움의 힘이 있습니다. 그렇게 살아내지 못하면 결코 쓸 수 없는 필력입니다. 부디 주의 도우심으로, 주님의 동행하심으로 한 줄 한 줄 써려간 이 글들이 독자의 가슴 속에서 오래도록 빛나는 주의 영광의 도구가 되기를 소망합니다.

문종성 | 작가, 『그래서 사랑스러운』 외 저자

제 개인 서재에도 '가치'라는 주제와 관련된 몇 권의 책이 있을 정도로 '가치Value'라는 주제는 시장성의 관점으로 볼 때 더 이상 '가치Value'가 없는 주제일 것입니다. 그러나 제가 알고 있는 김현 목사님이 이 주제로 책을 썼다는 것은 이 책이 그만한 '가치'가 있다는 것을 증명합니다. 왜냐하면 책이라는 것이 그 내용도 중요하지만 저자의 진실성이 더욱 중요하기 때문입니다.

한 교회 한 사무실에서 함께 사역하며 지켜봤던 김현 목사님은 하나님의 말씀을 인생 최대의 가치로 삼고 거룩한 몸부림을 쳐왔던 하나님의 사람입니다. 그러한 목사님이 이번에 출간한 『가치』를 통해 독자들은 인생 최고의 가치가 하나님임을 생생하게 깨닫게 될 것입니다. 특별히 성경에 나오는 수많은 성경 인물의 1인칭 관점에서 풀어나가는 흥미진진한 스토리는 그 재미를 더합니다. 개인적으로 세상이 추구하는 다른 가치에 마음을 빼앗기며 전전긍긍하고 있는 이 시대의 소망인 청년들에게 이 책을 기쁨으로 추천하고 싶습니다.

주성하 | 목사, 오륜교회 청년국장

"하하! 전 인류가 그토록 바라던 '아담의 사과'를 받다니!"

김현 목사님의 첫 번째 책 『복음의 문을 열고 사랑을 담다』를 읽으며 신앙생활 12년 만에 비로소 알게 된 하나님의 진심 앞에 펑펑 울었던 기억이 아직도 생생합니다.

이번 김현 목사님의 두 번째 책 『가치』의 첫 페이지를 열자 기다렸듯 튀어나온 아담은 내게 전 인류가 그토록 듣고 싶어 했던 사과를 하며 옆에 걸터앉기 시작하더니, 만남의 시간이 짧아 조금은 덜 친했던 아벨도, '동행'하면 떠오르는 에녹도 다 같이 책에서 튀어나와 시공간을 초월한 하나님의 방에 둘러앉아 그분의 사랑 이야기를 들려줍니다.

이 책 『가치』를 통해 그동안 우리가 잘 알고 있었지만 성경책 안에만 있던 하나님의 사람들과 함께 예수님을 깊게 사귀며 그 사랑을 친밀히 알아 가는 복된 시간이 되시길 기대하고 기도합니다.

송재희 | 배우

가치를 알기만 하면 다 버릴 수 있는 것일 텐데 그 '아는 것' 앞에 우린 무력합니다. 알게 해주셔야만 가능한 일이기 때문이겠죠. 그런 면에서 김현 목사님을 만난 것은 제겐 사건이었습니다. 밭에 감추어진 '좋은 진주Value'를 보게 하시고 알고 따르게 하신 '위대한 은혜의 사건'.

『복음의 문을 열고 사랑을 담다』와 마찬가지로 『가치』 역시 일단 첫 장을 넘기면 끝 장까지 보게 됩니다. 그동안 보고 들어 온 목사님과 하나님의 대화가 그대로 담겨 있습니다. 아담에서 하박국에 이르기까지, 또 예수님의 '족보의인화'를 포함한 스무 명의 등장인물이 '가치'라는 분모 위에서 자기 입장을 서술하는 1인칭 전개의 독특한 설정이 무척 새롭고 재미있습니다. 글과 사람이 같습니다. 성경 속 인물의 입장으로 들어가서, 또 그때마다 하나님의 입장까지 묻고 헤아려 본 자만이 가능한 상상력과 공감력, 감정 이입을 통한 통찰력에 하나님도 깜짝 놀라셨겠다는 생각이 들었습니다.

따뜻한 목자 김현 목사님은 우리가 품을 가치는 '오직 한 분'이심을 말하면서 동시에 마지막 문장으로 독자들을 힘 있게 일으켜 세웁니다. '하나님의 가치는 바로 당신'이라고 마침표를 찍으며. 할렐루야.

조연희 | 사랑하는우리교회 집사

목차

- 4 추천의 글
- 12 감사의 글
- 16 여는 글

- 22 하나님이 주신 자리의 가치 **아담**
- 36 잃어버린 예배의 가치 **아벨**
- 46 하나님과 동행하는 가치 **에녹**
- 54 하나님을 순수하게 사랑하는 가치 **아브라함 1**
- 60 하나님의 마음을 나누는 가치 **아브라함 2**
- 66 하나님이 주신 이름의 가치 **야곱**
- 78 하나님이 목적이 되는 가치 **모세**
- 90 시대적 사명에 대한 가치 **갈렙**
- 102 하나님과 운명을 같이 하는 가치 **룻**
- 110 끝까지 하나님과 동역하는 가치 **엘리야**
- 120 성령님이라는 절대성의 가치 **엘리사**

130 　**하나님을 알아 가는 가치 욥**

138 　**하나님을 추억하는 가치 다윗**

146 　**날 위해 죽어 주신 어린양의 가치 아삽**

156 　**한 영혼의 가치 요나**

164 　**하나님의 구원의 가치 하박국**

174 　**예수님의 초대장이 주는 가치 족보**

182 　**전심이라는 가치 부자 청년**

190 　**하나님의 옥합의 가치 마리아**

198 　**예수님의 흔적의 가치 바울**

204 　**예수님의 가치 예수님**

212 　**닫는 글**

감사의 글

 글이 주는 매력이 있다. 내가 갈 수 없는 곳 그리고 내가 만날 수 없는 귀한 영혼들에게 발 없는 글은 갈 수 있기 때문이다. 귀한 영혼들과 하나님이 주신 메시지를 나눌 수 있다는 것은 참으로 기분 좋은 일이 아닐 수 없다. 그럼에도 책 한 권이 나오기까지 많은 수고와 소중한 만남 그리고 기도가 필요하다는 것을 글을 쓸 때마다 느끼곤 한다.

 참고로 나는 이제 부목사를 졸업하고 사랑하는 이들과 개척을 시작한 지 2년째 되는 담임목사이다. 그래서일까! 어디를 가든 내가 섬기고 있는 '사랑하는우리교회' 성도들이 제일 많이 생각난다. 그래서 가장 먼저 사랑하는우리교회 모든 성도에게 감사의 마음을 전하고 싶다.

 특별히 처음 교회를 시작할 때부터 지금까지 사랑으로 섬겨주는 사랑하는 배갑선 간사님, 조연희 집사님, 이여름 집사님, 유진아 집사님, 박명숙 권사님, 유진희 집사님, 유진환 집사님, 원희연 성도님, 김령희 성도님, 승재, 석민이, 정민이, 예쁜 걸이 까지! 정말 감사하고 또 감사합니다. 부족한 저를 신뢰해 주고 사랑으로 함께해 주는 사랑하는우리교회 모든 성도님께 진심을 담아 감사드립니다. 여러분들은 저의 면류관입니다.

오륜교회에서 부교역자로 섬겼던 6년의 시간은 참으로 행복했고, 그때부터 지금까지 참 많은 사랑을 주셨던 김은호 목사님! 책이 나올 때마다 기꺼이 추천사를 써 주셔서 감사드립니다. 또한 신대원 시절 가장 좋아하고 존경했던 교수님이었는데 이제 총장님으로 학교를 아름답게 섬기고 계신 횃불트리니티신학대학원대학교 김윤희 교수님! 많이 바쁘셨을 텐데 매번 연락드리면 좋은 마음으로 반겨 주시고 추천사까지 써 주셔서 감사해요.

늘 먼저 연락해 주고 찾아와 주고 이렇게 추천사까지 써 준 목사이자 베스트셀러 작가이자 사랑하는 동생 같은 문종성 목사님 고마워요. 이젠 한국 교회의 대표적인 기도 모임으로 자리 잡은 다니엘 기도회를 실질적으로 기획하고 섬기는 주성하 목사님의 추천사에 감사합니다. 함께 동역했던 아름다운 기억에 감사하오!

저의 첫 번째 책 『복음의 문을 열고 사랑을 담다』를 읽고 유익했다고 말하며 기쁨으로 추천사를 써 준 배우 송재희 형제님, 무척이나 고마워요. 하나님을 사랑하는 순수한 마음에 늘 감동받습니다. 그리고 사랑하는우리교회를 시작할 때부터 저를 참 좋은 목사로 인정해 주고 늘 함께해 준 조연희 집사님의 추천사에 감사의 마음을 전합니다. 집사님, 오래오래 함께해요.

『가치』에 삽화를 더 해준 임혜진 집사님! 그 사랑과 수고로 책이 더 아름답고 의미 있어졌어요. 집사님, 사랑하는우리교회에서 함께할 수 있어 기쁘고 감사해요.

어쩌면 컴퓨터 속에 묻혀 있었을지도 모를 나의 글에 특별한 마음을 가져 주신 마음지기 식구들과 노인영 대표님, 하나님이 기뻐하시는 출판사를 세우고 유지해 가려는 진실된 마음에 어떤 식으로라도 보답하고 싶은데…… 늘 죄송하고 감사한 마음입니다.

사랑의 마음으로 기도해 주시는 부모님, 그리고 장모님께 감사드립니다. 또한 신대원 시절부터 지금껏 기도와 물질로 누구보다 든든한 후원자가 되어 주고 있는 사랑하는 곽하민 집사님에게 진심으로 감사를 전합니다. 누나~ 감사하고 사랑해요. 빨리 강건해지길 기도합니다.

사랑하는우리교회를 시작할 때부터 보이지 않는 곳에서 기도와 여러 모양으로 후원을 해주신 많은 성도님들, 그리고 부족한데도 저의 책을 기다려 주시고 응원해 주신 분들께 감사드립니다. 또한 마지막까지 책의 오타는 없는지 꼼꼼히 읽어봐 주신 최진국 집사님께도 감사의 마음을 전합니다. 집사님과 함께 교회를 섬길 수 있음이 얼마나 감사한지 모릅니다. 집사님 감사해요.

그리고 사랑하는 가족에 대한 감사를 빼놓을 수 없을 것 같다.

따뜻한 마음을 가진 큰딸 하연아! 너는 아빠에게 하나님 아버지의 사랑을 가르쳐 준 가장 훌륭한 첫 번째 선생님이었어! 사랑한다. 아빠 딸이 되어 줘서 고마워! 애교쟁이 둘째 딸 주연아! 너는 아빠뿐 아니라 예수 안에 있는 이들이 모두 특별한 사랑을 받고 있는 자라는 사실을 가르쳐 줬단다. 사랑해. 막내아들 성연아! 너는 아빠의 친구야. 아빠의 마음을 나눌 수 있는 좋은 친구가 되어 줘서 고맙다.

끝으로 사랑하는 나의 아내 곽미례 사모님! 시간이 지날수록 내 곁에 있어 준 당신에게 감사한 마음이 커져만 갑니다. 누구보다 날 믿어 주고 또 응원해 주고 용기를 북돋아 주는 당신께 진심으로 감사합니다. 때론 지쳐 있을 때 매번 나를 과대평가(?)하며 일으켜 주는 당신 때문에 미소 짓곤 합니다. 나의 아내가 되어 줘서 고맙고 또 고맙습니다.

이 글을 쓸 수 있는 힘과 지혜를 주신 하나님! 이 책으로 인해 주어지는 모든 영광은 삼위 하나님의 것입니다. 모든 영광 주님 홀로 받으소서!

나의 작은 서재에서 김현 목사

여는 글

"고난 당한 것이 내게 유익이라 이로 말미암아 내가 주의 율례들을 배우게 되었나이다"

시 119:71

다윗의 이 고백을 보면 그는 편안하고 안락한 삶이 아니라 하나님을 배우고 그분을 알아 가는 것을 가장 큰 가치로 여겼음을 알 수 있다. 힘들지 않고 편안하게 사는 것을 인생의 가치로 여기는 이들과는 다른 차원의 삶을 살았던 것이다.

성경을 보면 가치에 대한 이야기들로 가득하다. 자신의 모든 것을 다 팔아 보화가 묻혀 있는 밭을 산 사람의 이야기, 세상에서 최고로 값진 진주를 발견한 후 그동안 자신이 가치 있다고 여기며 모아 왔던 진주를 모두 팔아 버린 진주 장사 이야기, 이해할 수 없는 수많은 고난과 아픔의 터널을 지나면서도 하나님을 알아

가고 그분이 어떤 분이신지 기꺼이 경험했던 믿음의 사람들. 그들의 스토리를 읽노라면 인생 최고의 가치는 하나님이었음을 깨닫게 된다. 하나님이 전부요 인생의 목적이자 이유였던 사람, 자신이 겪고 있는 상황이 어떠하든 관계없이 그냥 하나님 한 분이면 그것으로 충분했던 사람, 이런 사람들은 하나님을 인생의 최고의 가치로 여긴 자들이 분명하다. 이 책은 하나님을 인생의 최고의 가치로 여기며 살았던 믿음의 사람들의 이야기다.

시간이 지날수록 신앙생활이 가치의 싸움이라는 것을 실감하게 된다. 왜냐하면, 사람들은 더 가치 있는 것을 얻기 위해 덜 가치 있다고 여기는 것들을 포기하기 때문이다. 예수님을 믿어 새로운 피조물이 되었으나 그분이 다시 오실 때까지 우리는 죄와 죽음의 흔적이 고스란히 남아있는 세상에 발을 딛고 살아가게 된다. 이것은 아담의 죄로 인해 망가져 버린 세상 안에서 원치 않는 아픔과 마주하게 될 때도 있다는 뜻이기도 하다.

썩 유쾌하지는 않겠지만 내가 원치 않는 상황들과 직면하는 일도 있지 않을까 싶다. 그럼에도 신앙은 내가 원하는 결과를 얻어

내는 것이 아니라, 내가 믿는 예수님이 어떤 분이시고 그분이 내게 주신 은혜가 얼마나 큰지 알아 가는 여정임을 말하고 싶다. 세상이 주는 아픔의 무게보다 예수 그리스도를 통해 주어진 은혜의 무게가 비교할 수 없을 만큼 가치 있다는 것을 알아 가는 것이 신앙생활이다.

아무리 기도해도 내가 기대했던 상황이 이뤄지지 않아 힘들어하는 이들이 있다. 또 하나님만을 의지하며 달려왔는데도 전혀 예상치 못한 결과 때문에 낙심하는 이들도 있을 것이다. 그러나 성경을 조금만 유심히 살펴보면, 수많은 믿음의 사람들도 지금의 우리와 비슷한 경험을 했었다는 것을 쉽게 발견할 수 있다. 그들과 우리가 다른 것이 있다면 그들은 이해되지 않는 답답한 상황에서도 여전히 하나님 한 분으로 인해 만족하며 수많은 아픔의 터널을 주님과 동행하며 지나왔다는 것이다. 푸른 초장은 물론, 사망의 음침한 골짜기도 주와 함께 라면 충분히 지나갈 수 있는 사람이 된 것이다.

성경은 우리에게 감동만을 주기 위해 기록된 것이 아니다. 우리도 믿음의 사람들과 같은 삶을 살아내도록 하기 위해 주신 것이다.

이 책을 통해 우리는 성경에 등장하는 몇 명의 믿음의 사람들 이야기를 그들의 목소리를 통해 직접 들어 보게 될 것이다. 그리고 그들은 저마다 자신이 경험했던 삶의 현장에서 어떠한 것을 최고의 가치로 여겼는지 우리에게 들려줄 것이다.

이 책을 쓰면서 기대했던 것이 있다. 저자인 나는 물론 이 책을 접하는 모든 독자가 예수님이라는 분이 얼마나 가치 있는 분인지 깨닫는 것이다. 기대했던 결과가 주어지지 않고, 때론 믿음으로 살아도 아무런 변화가 나타나지 않아도 여전히 그분으로 인해 오늘 하루를 감사함으로 넉넉히 살아내는 용기와 능력을 얻게 되었으면 좋겠다. 하나님이 주시는 그 어떤 것보다 오직 하나님만이 최고의 가치임을 경험할 수 있길 소망한다.

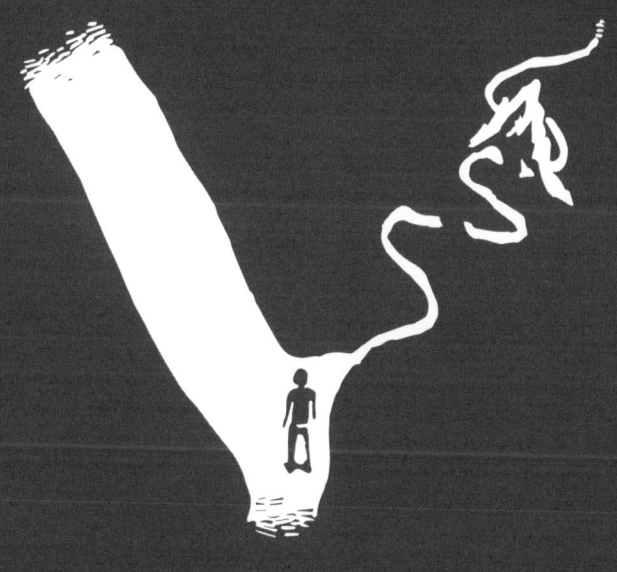

"
믿음으로 모세는 장성하여 바로의 공주의 아들이라
칭함 받기를 거절하고 도리어 하나님의 백성과 함께
고난 받기를 잠시 죄악의 낙을 누리는 것보다 더 좋아하고
그리스도를 위하여 받는 수모를 애굽의 모든 보화보다
더 큰 재물로 여겼으니 이는 상 주심을 바라봄이라
"

히 11:24-26

하나님이 주신 자리의 가치
아담

"여호와 하나님이 그 사람에게 명하여 이르시되 동산 각종 나무의 열매는 네가 임의로 먹되 선악을 알게 하는 나무의 열매는 먹지 말라 네가 먹는 날에는 반드시 죽으리라 하시니라"

창 2:16-17

모든 성도에게 드리는 공개 사과문

먼저 이 책을 읽는 사랑하는 나의 형제요, 자매요, 여러 지체에게 이 자리를 통해서 공개 사과를 하고 싶다. 모두가 알다시피 그대들이 이 세상을 살아가면서 겪는 크고 작은 아픔과 슬픔, 고통, 저주, 죽음이 바로 아담인 나 한 사람으로 인해 시작되었기 때문이다 "사망이 한 사람으로 말미암았으니 죽은 자의 부활도 한 사람으로 말미암는도다"_고전 15:21.

그렇다. 하나님께서 주신 아름답고 평화로운 세상에 죄와 죽음이 들어 올 수 있도록 문을 활짝 열어 준 장본인이 바로 나다. 나의 어리석음과 탐욕, 교만이 세상을 이렇게까지 망쳐버릴지 그때는 정말 상상도 못 했다. 아내 하와와 함께 에덴동산에서 쫓겨나오면서 하나님께서 허락하셨던 생명과 단절되던 순간에서야 비로소 나는 하나님이 내게 정해 주신 위치가 얼마나 중요한지를 깨닫게 되었다.

그렇기 때문에 오늘 나는 그대들에게 하나님께서 우리 한 사람 한 사람에게 정해 주신 포지션의 가치! 하나님께서 우리 모두에게 딱 맞게 허락하신 각자의 위치를 지키며 사는 것이 얼마나 가치 있고 소중한 일인지를 나의 부끄럽고 후회스러운 지난날의 과오를 거울삼아 들려주고 싶다.

하나님께서 내게 주신 자리

솔직히 다시 그때를 생각하려니 하나님께 너무나 송구스럽고 죄스러워 얼굴이 발그레 달아오르는 것만 같다.

음…… 나는 범죄하기 이전의 세상이 얼마나 아름다웠는지 유일하게 보았던 인류이다. 동시에 범죄한 이후 세상이 어떻게 변해버렸는지 가장 먼저 본 사람이기도 하다.

범죄하기 전, 나는 기쁨의 동산에서 영원하신 하나님과 만나는 행복을 누려왔다. 그대들은 창조주 하나님과 아무 거리낌 없이 대면하는 것에 대해 상상해 보았는가? 언제나 하나님을 마주하며 그분의 아름다움을 보는 것만큼 영광스럽고 감격스러운 일은 없을 것이다.

창조주 하나님은 흙으로 나를 빚으신 후 당신의 형상을 내게 덧입혀 주셨고 당신과 대면하는 자로 삼아 주셨다. 그뿐만 아니라 내게 영원한 생명도 허락해 주셨다. 하지만 나에게 있던 영원성은 하나님처럼 자존적인 것이 아니라 영원하신 하나님께 붙어 있을 때만 유지되는 의존적 영원성이었다. 하나님은 그것을 동산

중앙에 있는 선악과를 통해 알려 주셨다.

"아담! 너는 모든 피조물 가운데 유일하게 하나님의 형상으로 창조된 존귀한 자다. 하지만 네가 아무리 존귀한 존재로 지음을 받았다 해도 너는 하나님이 아니라 그분의 피조물임을 기억하길 바란다. 즉, 너는 모든 것을 할 수 있는 전능자가 아니기 때문에 해서는 안 되는 것이 있고, 또 할 수 없는 것이 있는 제한된 피조물이다. 그것이 너의 위치임을 겸손히 인정하길 바란다. 네게 있는 영원한 생명 역시 영원하신 하나님의 생명이 네 안에 있기 때문에 가능한 일이라는 사실 또한 잊지 말기 바란다. 너는 하나님께서 주신 생명의 위치를 떠나서도, 그분이 주신 생명의 멍에를 끊어 버려서도 절대 안 된다. 하나님께서 가장 잘 보이는 동산 중앙에 선악과라는 이름을 가진 나를 심으신 이유는 너를 사랑하시는 하나님의 사랑과 배려임을 기억하길 바란다. 나는 하나님께서 네게 주신 위치가 어디인지 비춰주는 거울이다."

나도 안다. 하나님은 내게 모든 것을 허락해 주셨다. 하지만 선악과만은 예외였다. 그것은 나의 한계이자 넘지 말아야 할 경계선이었다. 나에게는 생명선과도 같았고 그것은 하나님께서 내게 주신 포지션이었다.

내가 아무리 존귀한 자로 지음을 받았어도 나는 할 수 없는 것이 있는 존재였다. 나는 이러한 사실에 실망하거나 하나님이 원망스럽지 않았다. 왜냐하면, 선악과를 제외한 모든 것은 넉넉하게 누릴 수 있었기 때문이다. 하나님께서 내게 주신 복은 상상을 초월할 만큼 풍성했다. 그러니 어찌 선악과 하나로 인해 하나님을 원망할 수 있었겠는가!

그런데 시대를 초월해 지금을 살아가는 많은 믿음의 후배 가운데 "하나님은 선악과 외에 모든 것을 주신 정말 선하신 하나님이시네요"라고 말하는 것을 들어 본 적이 없다. 오히려 "하나님은 왜 선악과를 먹지 말라고 하셨죠? 어차피 따먹지 못하게 하실 거라면 처음부터 만들지 않은 것이 더 낫지 않았을까요?"라고 질문을 한다. 창조주가 할 수 있는 선택까지 친절하게 대신해 주려고 하는 이러한 모습을 보면 안타깝기만 하다.

그래서 성경을 읽을 때 관점이 정말 중요하다고 말하는 것이다. 사탄의 유혹에 사로잡히게 되면 하나님께서 우리에게 주신 풍성함을 보는 눈이 가려져 버린다. 나도 그랬다. 나 역시 처음에는 하나님께서 주신 풍성함을 누리며 행복했다. 하지만 사탄의 속삭임과 유혹에 빠져버리자 그동안 하나님께서 내게 주신 풍요로움을 보는 눈이 가려져 버렸다. 그리고 하나님께서 내게 금하신 단 하나, 선악과에 온통 시선이 쏠렸다.

'왜 저것은 안 될까?'

만일 그대들 중에 하나님이 불공평해 보이고 그분에 대해 불만의 목소리가 나오는 사람이 있다면 이미 어둠의 영에 미혹되어 버린 상태일지도 모른다. 왜냐하면 사탄에 미혹된 자들이 하는 질문들을 보면 하나님께서 주신 은혜를 간과한 내용으로 가득하기 때문이다.

이제야 비로소 나는 알게 되었다. 하나님께서 금지하신 것이 있다는 게 얼마나 감사한 일인지 말이다. 만약에 하나님께서 우리에게 모든 것을 다 할 수 있도록 허용해 주셨다면, 그래서 인간이 친히 온 세계를 경영했다면 세상이 어떻게 되었을지 생각만 해도 끔찍하다.

다른 사람에게 있는 것을 아무 거리낌 없이 내 것처럼 가져와 사용해 버린다고 생각해 보라. 전지전능하지 못한 자들이 지켜야 할 법과 규칙 없이 자기 마음대로 살아가는 것은 결코 인간에게 유익하지 않다.

하나님은 당신께서 창조하신 세상이라는 공동체 속에서 인간이 무엇을 지키며 살아야 하는지 잘 알고 계셨다. 그러므로 하나님께서 내게 허락하신 포지션이 어디인지, 그것을 지키며 사는 것이 얼마나 중요한지 아는 것은 축복이다.

다시 본론으로 들어가 보자. 선악과는 그 존재 자체만으로 내 생명의 위치를 알려 주는 중요한 거울 중 하나였다. 하나님은 티끌과 같은 나를 당신의 사랑의 대상으로 삼아 주셨고, 곁에 두셨다. 그리고 그러한 사랑을 느끼고 경험하도록 아름다운 여인을 허락해 주셨다. 흙으로 지음 받은 아무것도 아닌 나에게 존귀와 영광으로 관을 씌워 주셨을 뿐 아니라, 사랑받고 또 사랑할 수 있는 존재로 살 수 있게 해주신 것이다. 나는 이러한 행복한 시간이 영원할 줄 알았다. 하와가 나에게 익숙해 보이는 열매 하나를 건네기 전까지 말이다.

어느 날 한적한 곳에 앉아 있는 나에게 하와가 헐레벌떡 뛰어와 낯익은 열매 하나를 내밀었다. 어쩌면 처음부터 아내와 떨어져 있었던 것이 가장 큰 실수였는지도 모르겠다. 나를 향해 무언가를 들고 뛰어오는 하와를 보면서 그녀의 손에 들려진 열매가 하나님께서 금하신 선악과라는 것을 금세 알 수 있었다.

하와는 나에게 그것을 건넸고, 늘 마음 한편에 궁금했던 선악과를 그녀의 설득에 넘어가 먹고 말았다. 좀 더 솔직히 말하자면 아내의 설득에 넘어가고 싶었는지도 모르겠다.

그렇게 나는 하나님께서 정해 주신 나의 위치를 벗어났다. 그때부터 모든 것이 바뀌어 버렸다. 갑자기 나와 아내는 수치심을 느끼기 시작했고, 하나님 앞에 당당히 나아가기는커녕 그분을 피해 숨고 싶은 충동이 밀려왔다. 그래서 하와와 함께 숨어버렸다. 그런데 늘 나와 하와 곁에 오시던 하나님께서 그날도 어김없이 오셔서 나의 이름을 부르셨다.

"아담아! 아담아! 네가 어디에 있느냐?"

하나님의 목소리는 왠지 모를 슬픔이 담겨 있었다. 나는 알고 있었다. 하나님이 나를 부르신 이유는 내가 어디에 숨어 있는지 몰라서가 아니라 하나님께서 나를 창조하신 이후 줄곧 함께 만났던 그 자리에 내가 보이지 않았기 때문이었다는 것을 말이다. 늘 당신과 만나던 곳에 내가 보이지 않자 하나님은 슬픔이 가득한 음성으로 나를 부르셨던 것이다. 나 역시 하나님이 부르신 자리에 가고 싶었다. 하지만 나의 수치와 어둠이 자꾸만 나를 그곳에 가지 못하게 만들었다.

이후 나와 아내는 죄와 죽음의 법칙에 지배를 받게 되었고, 에덴에서 쫓겨나고 말았다. 하나님은 천사를 통해 불 칼로 에덴의 기쁨과 풍성함을 더는 누리지 못하도록 막으셨다. 하나님을 떠나

범죄한 자들은 결코 에덴의 풍성함을 누릴 수 없었던 것이다. 그러나 하나님은 범죄한 나와 하와에게 여자의 후손을 약속하셨다. 그 말씀을 하실 때 나는 분명히 한 장면을 보았다. 그것은 여자의 후손이 나를 대신해 채찍에 맞으며 불 칼로 가로막혔던 에덴에 들어가서 그 풍성함을 다시 회복 시키는 모습이었다.

그대들도 알다시피 하나님은 이 일을 예수 그리스도의 십자가를 통해 이루셨다. 무화과 잎으로 나의 벗은 몸을 가리고 하나님을 피해 숨어 있을 때 하나님은 짐승 하나를 잡으셨다. 그리고 그 짐승의 가죽을 벗겨 수치스러운 나의 몸을 가려 주셨다. 치욕스러움으로 가득한 나의 몸을 감싸고 있는 짐승의 가죽은 죄의 저주와 수치심을 안고 살아야 할 나를 대신해 죽으신 하나님의 하나뿐인 어린양의 가죽이었다. 하나님은 십자가에 못 박혀 있는 당신의 어린양의 가죽옷을 벗겨 대신 수치를 당하게 하시고, 그 분의 의의 옷을 나에게 입혀 주셨던 것이다.

나는 왜 십자가에 달린 예수님의 몸에 옷이 없었는지 하나님의 나라에 와서야 알게 되었다. 하나님께서 눈물을 흘리며 가죽옷을 지어 나와 하와에게 입혀 주신 옷이 바로 당신의 독생자의 옷이었던 것이다.

나는 하나님 나라에서 그분이 행하시는 이 모든 일을 보면서 하나님께서 유한한 인간을 창조하셨을 때 모든 연약함까지 기꺼이 감당하겠다는 각오를 하셨음을 비로소 알게 되었다. 인간의 연약함으로 인해 독생자의 생명을 내어 주어야 한다면, 그것까지도 기꺼이 감수하겠다는 각오를 하신 것이다. 하나님은 우리를 당신 곁에 두시고자 참 많은 사랑의 수고와 아픔을 각오하셨다. 우리가 뭐라고······.

하나님께서 이러한 각오를 하시면서까지 연약한 우리를 당신 곁에 두셨다는 사실을 알게 되었을 때 나의 넘어짐으로 인해 고통받으셨을 하나님께 너무나 죄송하고 또 죄송했다.

에덴을 나온 이후 아내와 함께 당시에 있었던 일을 회상해 보았다. 아내는 뱀이 자신에게 했던 유혹의 말을 내게 들려주었다. 뱀이 자신에게 다가와 "너도 하나님처럼 될 수 있다. 그러려면 하나님께서 네게 주신 자리를 벗어나야 한다. 그 자리를 이탈해야 하는 것이다. 그래야 너도 스스로 하나님처럼 자존 할 수 있다"라고 말했다는 것이다.

뱀은 우리보다 먼저 하나님께서 자신에게 주신 지위와 본분을 떠난 자이다"또 자기 지위를 지키지 아니하고 자기 처소를 떠난 천사들을 큰 날의 심판까지 영원한 결박으로 흑암에 가두셨으며"_유 1:6. 결국, 우리는 그러한 뱀의 유혹에 넘어가 하나님께서 주신 생명의 위치를 벗어나고 말았다. 처음에는 잠깐의 즐거움이 있었지만 그 결과 상상을 초월한 저주를 경험하게 되었다. 하나님께서 내게 주신 삶보다 더 나은 삶, 더 자유로운 삶이 있을 거라는 사탄의 말은 모두 거짓이었다. 나와 하와는 어리석게 사탄의 거짓말에 속고 만 것이다. 연은 연줄에 붙어 있을 때 높이 날 수 있다. 만일 연이 "난 더 높이 날고 싶어! 나를 잡고 있는 이 연줄에서 벗어난다면 나는 더 높이 그리도 더 자유롭게 날 수 있을 텐데"라고 말한다면 그것을 잘못된 생각이다. 연은 연줄에 붙어 있을 때 비로소 자유롭고 높이 날 수 있다. 믿지 못하겠다면 날리고 있던 연줄을 한번 끊어 보라! 연은 그 즉시 땅으로 처박히고 말 것이다. 그것이 바로 연이다.

나는 하나님이 아니다. 나는 하나님께 속해 있을 때 비로소 숨을 쉴 수 있는 존재이다. 이것이 바로 인간이다. 이 사실을 인정하는 것이 왜 그렇게 힘들었을까……. 그 어떤 것보다 하나님께서 내게 주신 생명의 자리를 지키는 것은 소중하고 또 가치 있는 것임을 미련하게도 그 자리에서 벗어나 본 후에야 깨닫게 되었다.

그날 이후 나는 어떤 일이 있더라도 하나님께서 내게 주신 포지션을 떠나지 않기로 다시 한번 결단했다. 혹 그것이 내게 새로운 즐거움을 준다 해도 더는 하나님이 내게 주신 지위와 본분을 떠나지 않을 것이라 다짐했다.

하나님은 나와 아내에게 하나님의 자녀로서, 한 여인의 남편과 한 남자의 아내 그리고 자녀의 부모로서 위치를 또 한 번 허락해 주셨다. 이제 어떤 일이 있더라도 하나님께서 내게 주신 생명의 위치를 절대로 떠나지 않을 것이다.

나는 지금을 살아가는 나의 믿음의 후배들에게 권면하고 싶다. 하나님이 그대들에게 주신 성도의 자리를 절대 이탈하지 말기 바란다. 그대들이 사는 세상에 존재하는 어둠의 영은 하나님께서 내게 주셨던 생명의 자리를 이탈하도록 유혹했던 바로 그 사탄이다"큰 용이 내쫓기니 옛 뱀 곧 마귀라고도 하고 사탄이라고도 하며 온 천하를 꾀는 자라"_계 12:9a.

나의 연약함이 그대들에게까지 영향을 주어 미안한 마음이 크다. 염치없지만 그래도 권면하고 싶다. 하나님께서 그대들에게 주신 성도의 자리, 한 아내의 남편이라는 자리, 한 남편의 아내라는 자리…… 그 자리를 반드시 지켜 내길 바란다. 많은 이가 아내와 남편의 자리를 벗어나 가정이 깨지고, 관계에 금이 가는 일이 있음을 그대들도 매일 같이 보고 듣고 있지 않은가. 순간의 짜릿한 즐거움에 비해 하나님께서 주신 자리를 벗어날 때 잃어버리는 것은 상상할 수 없을 만큼 크다. 지나 보니 하나님께서 나에게 주신 자리는 생명이요, 사랑의 자리였다.

혹 하나님께서 그대들에게 주신 자리를 벗어났다면 몸부림치며 다시 하나님께서 허락하신 본래의 위치로 돌아가길 바란다. 그 자리를 지킬 때만이 회복이 일어난다.

하나님은 바로 그 자리에서 그대들과 만나길 원하신다. 나에게 한 번 더 기회가 온다면 그 어떤 화려함과 풍성함이 주어지지 않아도 하나님께서 내게 주신 자리를 반드시 지켜 내고 싶다. 왜냐하면 나에게 가장 큰 가치는 하나님으로 인해 주어지는 풍성함도 아니고 회복도 아니다. 바로 하나님 자체이기 때문이다.

하나님께서 내게 주신 본래의 자리를 이탈했을 때 헤아릴 수 없는 아픔을 안고 다가와 "아담아! 네가 어디에 있느냐?"라고 부르시는 그분의 가슴 아픈 음성이 내 귀에 맴돌던 때를 생각하면 지금도 마음이 저려온다.

머잖아 주님은 다시 오실 것이다. 그리고 각자에게 허락하신 그 자리에서 그대들을 찾으실 것이다. 그때 있어야 할 그곳에서 그분을 꼭 뵙길 기대한다.

잃어버린 예배의 가치
아벨

"세월이 지난 후에 가인은 땅의 소산으로 제물을 삼아 여호와께 드렸고 아벨은 자기도 양의 첫 새끼와 그 기름으로 드렸더니 여호와께서 아벨과 그의 제물은 받으셨으나 가인과 그의 제물은 받지 아니하신지라 가인이 몹시 분하여 안색이 변하니 여호와께서 가인에게 이르시되 네가 분하여 함은 어찌 됨이며 안색이 변함은 어찌 됨이냐 네가 선을 행하면 어찌 낯을 들지 못하겠느냐 선을 행하지 아니하면 죄가 문에 엎드려 있느니라 죄가 너를 원하나 너는 죄를 다스릴지니라 가인이 그의 아우 아벨에게 말하고 그들이 들에 있을 때에 가인이 그의 아우 아벨을 쳐죽이니라"

창 4:3-8

범죄한 이후 잃어버린 가장 소중한 것은 무엇일까

나의 아버지와 어머니는 에덴동산에 관한 이야기를 자주 들려 주셨다. 그곳에서 누렸던 풍성함과 아름다움에 관해서 말이다. 지금은 이마에 땀을 흘리는 수고를 해야만 땅이 소산을 내는 환경으로 변해 버렸지만, 처음 에덴동산은 저절로 풍성한 과실을 맺는 곳이었다고 한다.

지금 내가 경험하고 있는 현실 속에서는 상상하기 힘든 일이다. 저주받기 이전의 땅이 도대체 얼마만큼의 풍성함을 낼 수 있었다는 말인지…….

여하튼 부모님은 기회가 있을 때마다 에덴동산이 주는 풍요로움에 관해 이야기하셨다. 그 가운데서 가장 나의 이목을 끌었던 주제는 다름 아닌 하나님과 직접 만나는 즐거움에 관한 것이었다. 물론, 에덴동산에서 누렸던 풍족함도 참으로 흥미로웠다. 하지만 그보다 자신을 창조하신 분과 직접 대면하고 사랑의 교제를 나누었다는 아버지의 이야기가 나를 더 설레게 했다. 나도 인간이라는 존재의 시작을 주신 창조주 하나님을 직접 만나고 싶었기 때문이다.

후에 나는 영원히 가로막혀 있을 것 같았던 하나님과의 관계가 제사라는 예배를 통해 회복될 수 있음을 아버지를 통해 배우게 되었다. 물론 이러한 만남이 가능했던 것은 에덴동산을 나온 이후에도 하나님께서 여전히 우리와의 만남을 원하셨기 때문이다. 나에게 있어서 예배는 하나님과 만나는 무척이나 설레고 행복한 시간이다. 하지만 범죄하기 전 아버지의 때와 지금의 예배는 사뭇 달라진 것이 많았다.

예배는 반드시 하나님과 나 사이에 중보자가 있어야 한다

가장 크게 달라진 것은 하나님을 만날 때 제물이 있어야 한다는 사실이다. 제물 없이 하나님을 만나는 것은 불가능했다. 시간이 지나 하나님을 만날 때 반드시 있어야 하는 제물이 우리의 유일한 중보자이신 예수 그리스도라는 것을 알게 되었다"하나님은 한 분이시요 또 하나님과 사람 사이에 중보자도 한 분이시니 곧 사람이신 그리스도 예수라"_딤전 2:5. 예수 그리스도는 죄인 된 우리를 하나님께로 이끄시는 유일한 분이시기 때문이다"우리에게 있는 대제사장은 우리의 연약함을 동정하지 못하실 이가 아니요 모든 일에 우리와 똑같이 시험을 받으신 이로되 죄는 없으시니라 그러므로 우리는 긍휼하심을 받고 때를 따라 돕는 은혜를 얻기 위하여 은혜의 보좌 앞에 담대히 나아갈 것이니라"_히 4:15-16.

얼마의 시간이 지났을까……. 그날도 형 가인과 나는 하나님을 만나기 위한 예배를 준비하고 있었다. 형은 농사를 짓는 사람이기에 땅의 곡식을 가지고 하나님께 나아갔고, 나는 양의 첫 새끼를 가지고 하나님께 나아갔다. 그런데 하나님은 형의 예배를 거부하셨고 나의 예배만 기뻐하셨다. 하나님께서 기뻐하시는 예배를 드렸다는 기쁨이 컸지만 형의 안색이 좋지 않아 조금 불안하기도 했다.

하나님은 형이 드린 예배에 문제점이 무엇인지 또 예배가 열납되지 않았을 때 어떻게 해야 하는지 말씀하셨다. 하지만 형은 하나님의 권면을 듣고 싶어 하지 않았다.

하나님께 나아가는 자는 그분이 무엇을 원하시는지 알아야 한다. 하나님은 우리에게 수많은 제물을 원하시는 것이 아니라 하나님을 사랑하는 삶, 바로 그것을 원하신다는 사실을 알아야 한다. 이에 대해 미가 선지자는 분명하게 말하고 있다.

"내가 무엇을 가지고 여호와 앞에 나아가며 높으신 하나님께 경배할까 내가 번제물로 일 년 된 송아지를 가지고 그 앞에 나아갈까 여호와께서 천천의 숫양이나 만만의 강물 같은 기름을 기뻐하실까 내 허물을 위하여 내 맏아들을, 내 영혼의 죄로 말미암아 내 몸의 열매를 드릴까 사람아 주께서 선한 것이 무엇임을 네게 보이셨나니 여호와께서 네게 구하시는 것은 오직 정의를 행하며 인자를 사랑하며 겸손하게 네 하나님과 함께 행하는 것이 아니냐"_미 6:6-8

 하나님께 나아갈 때 중보자 되시는 예수 그리스도를 상징하는 제물은 그 무엇보다 중요하다. 더불어 또 하나 중요한 것은 그분을 사랑하는 삶이다. 히브리서 기자는 내가 형보다 더 나은 예배를 드릴 수 있었던 이유를 '믿음'이라고 표현했다"믿음으로 아벨은 가인보다 더 나은 제사를 하나님께 드림으로 의로운 자라 하시는 증거를 얻었으니 하나님이 그 예물에 대하여 증언하심이라 그가 죽었으나 그 믿음으로써 지금도 말하느니라"_히11:4. 만일 그 믿음이 어떠한 신념이 아니라 하나님을 사랑하는 간절한 나의 고백과 그분을 사랑하는 나의 모든 삶을 포함하는 믿음이라면 동의한다. 참된 믿음은 동전의 양면처럼 하나님을 향한 사랑의 삶행동이 반드시 동반되기 때문이다. 하나님은 내가 드리는 제물뿐 아니라 당신을 사랑하는 나의 삶을 함께 받으셨다.

 또한 나는 형의 모습을 통해 하나님께서 거부하시는 예배도 있다는 것을 알게 되었다. 만일 하나님께서 우리의 예배를 거부하신다면 먼저 우리 자신의 삶을 돌아봐야 한다. 그리고 예배에 성공한 자를 보면서 '어떻게 해야 예배에 성공할 수 있을까?'를 겸손히 묻고 또 듣고자 해야 한다.

  예배가 끝난 후 형은 갑자기 나를 한적한 들로 불러냈다. 그날이 내가 이 땅에서 보내는 마지막 날이었다. 형에 의해 나의 육체는 싸늘한 주검으로 변해 버렸기 때문이다.

  어쩌면 그런 나를 보고 사람들은 불쌍하게 생각하거나 혹은 비참하다고 여길지도 모르겠다. 아버지 아담 이후 가장 먼저 성경에 등장한 인물이면서 또 가장 먼저 죽임을 당한 사람이기에 그렇게 생각하는 게 당연할지도 모르겠다.

  하지만 나는 전혀 불행하지 않다. 왜냐하면 생명보다 더 소중한 가치가 바로 하나님을 예배하는 것임을 배우고 알았기 때문이다. 비록 범죄하기 전 아버지와 어머니가 누렸던 하나님과의 친밀함과는 비교할 수 없겠지만, 그래도 예배를 통해 하나님을 만날 수 있었다는 것은 내 인생을 통째로 드려도 바꿀 수 없을 만큼 가치가 있었다.

  만일 시간을 거슬러 올라 똑같은 상황이 내게 주어진다 해도 나는 여전히 하나님을 만나는 예배자의 자리에 서 있을 것이다. 예배는 피조물이 자신을 만든 창조주와 만나는 유일한 시간이다. 나는 모든 것을 잃는다고 해도 그분을 만나는 예배만큼은 빼앗기고 싶지 않다.

성경은 죄로 인해 에덴동산에서 쫓겨난 나의 아버지와 어머니의 사건 이후 형과 내가 예배하는 사건을 가장 먼저 다루고 있다. 하나님은 형과 나의 삶을 통해 모두에게 가장 먼저 알려 주고 싶은 것이 있으셨다. 그것이 바로 예배이다. 나는 이것을 통해 하나님이 우리와의 만남 즉, 예배를 얼마나 중요하게 여기시는지 깨닫게 되었다.

그뿐만 아니라 에덴동산에서 쫓겨난 인류가 잃어버린 가장 소중한 가치 또한 예배라는 것도 알게 되었다. 그래서 하나님은 나의 인생을 통틀어 단 하나의 사건인 예배의 사건을 성경에 담고자 하셨던 것이다. 다시 한번 말하지만 범죄한 인간이 잃어버린 가장 소중한 것은 예배이다. 그리고 하나님은 예배를 통해 우리와 다시 만나고 싶어 하신다.

나는 지금을 살아가는 많은 믿음의 형제자매가 하나님을 만나는 예배를 너무나 소홀히 여기는 것은 아닌가 하는 안타까운 마음이 들 때가 있다. 한번 곰곰이 생각해 보라. 하나님께서 아벨인 나의 인생을 통틀어 죄인 된 인간이 하나님을 만나는 예배의 사건을 다루신 이유를 말이다.

세상적인 관점에서 보면 예배를 드린 후 죽임을 당한 나는 세상에서 가장 재수 없고 또 불쌍한 사람일지도 모른다. 그뿐만 아니라 세상을 위해 혹은 국가를 위해 내세울 만한 업적도 하나 없다. 하지만 나는 지금을 살아가는 믿음의 후배에게 한 가지 자랑하고 싶은 것이 있다. 창조주 하나님께서 가장 먼저 창조하신 인간이 나의 아버지 아담이라는 것은 모두가 알고 있을 것이다. 그렇다면 인류 역사상 가장 먼저 하나님 나라에 입성한 사람은 누구라고 생각하는가? 미안하지만 나의 아버지 아담이 아니다. 아벨! 바로 나다. 하나님은 예배를 통해 나에게 이러한 영광스러운 특권을 허락해 주셨다.

그렇다. 천국은 하나님과의 관계가 회복된 예배자가 가는 곳이다. 그래서 나는 똑같은 상황이 주어진다 해도 여전히 하나님을 예배하는 예배자의 삶을 포기할 수 없다고 자신 있게 말하는 것이다. 예배는 내 인생에 가장 아름다운 가치이다.

나는 오랜 시간 동안 수많은 믿음의 형제자매가 나와 같이 하나님만을 예배하는 것을 포기하지 않아 죽임당한 것을 봐 왔다. 하지만 그거 아는가? 그들은 무척이나 아름다운 예배자로 지금 나와 함께, 그리고 우리 주님과 함께 있다는 사실을 말이다.

그대들도 어떤 상황 속에서도 하나님께서 그대들에게 원하시는 예배자의 삶을 살아가길 바란다. 하나님과의 만남은 그 무엇과도 바꿀 수 없는 소중한 가치이다. 하나님은 오늘도 예배의 자리에서 그대들을 찾으신다 "아버지께서는 자기에게 이렇게 예배하는 자들을 찾으시느니라"_요 4:23b.

하나님과 동행하는 가치
에녹

"에녹은 육십오 세에 므두셀라를 낳았고 므두셀라를 낳은 후 삼백 년을 하나님과 동행하며 자녀들을 낳았으며 그는 삼백육십오 세를 살았더라 에녹이 하나님과 동행하더니 하나님이 그를 데려가시므로 세상에 있지 아니하였더라"

창 5:21-24

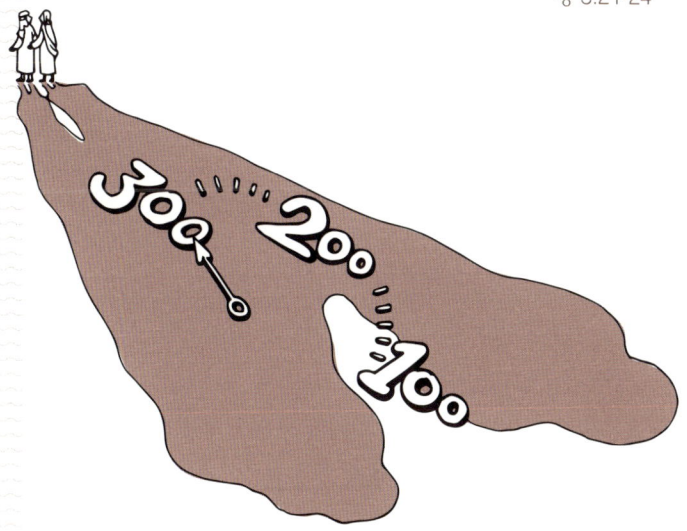

모든 사람은 죽음을 두려워한다

만일 어떤 이가 죽음을 맛보지 않은 채 하나님 품으로 갔다면 사람들은 얼마나 부러워할까? 성도라면 적어도 한 번쯤 이러한 상상을 해보지 않았을까 생각해 본다. 그런데 나는 그대들이 마음속으로만 바라던 것을 실제로 경험한 사람이다. 사랑하는 형제 아벨이 예배자로서 가장 먼저 하나님 나라에 입성한 사람이라면 나는 죽음을 맛보지 않고 하나님 곁으로 간 첫 번째 인류이다.

성경 지식이 조금만 있는 사람이라면 내가 누구인지 이미 눈치챘을 것이다. 그렇다. 나는 300년간 하나님과 동행한 이후 하나님의 나라로 들려 올라간 에녹이다. 나는 첫 인류인 아담의 계보를 기록한 창세기 5장에 기록되어 있다. 하나님께서 아담의 족보를 언급하면서 나의 삶을 다루신 이유를 이제야 알게 되었다. 옆에 성경이 있다면 창세기 5장을 펴놓고 나의 이야기를 들으면 더 좋을 것 같다.

하나님은 아담의 족보를 시작하면서 인간이 어떤 존재로 지음 받았는지 알려 주고 싶어 하셨다. 본래 인간은 하나님의 형상대로 지음을 받은 존재이다. 하지만 모두가 알고 있다시피 아담이 범죄할 때 인간은 하나님께서 주신 영광스러움과 그분의 형상을 잃어버렸다. 존귀와 영광스러움을 모두 상실한 것이다.

하나님의 영광스러운 형상을 잃어버린 인간에게 기다렸다는 듯이 찾아온 불청객이 바로 '죽음'이다. 성경은 하나님께서 인간을 어떤 모습으로 창조하셨는지, 그리고 범죄한 이후 인간이 어떤 운명으로 전락해 버렸는지 말씀하고 있다.

"이것은 아담의 계보를 적은 책이니라 하나님이 사람을 창조하실 때에 하나님의 모양대로 지으시되 남자와 여자를 창조하셨고 그들이 창조되던 날에 하나님이 그들에게 복을 주시고 그들의 이름을 사람이라 일컬으셨더라"_창 5:1-2

범죄한 이후 인간은 하나님이라는 영원한 생명에서 단절되어 버렸다. 그리고 또 다른 생명을 낳긴 하나 각자에게 주어진 일정한 시간을 살다가 떠나는 존재로 전락해 버렸다. 그래서 창세기 5장을 보면 '누가 몇 세에 누구를 낳았고 몇 세를 살다가 죽었더라'는 표현을 반복하고 있는 것이다. 살아 있는 듯하나 뿌리와 가지에서 잘려 나간 장미꽃처럼 인간 역시 하나님의 생명에서 단절된 이후 정해진 시간이 되면 바스락거리며 이 땅에서 사라져 버린다. 이는 하나님을 떠난 인간들이 피할 수 없는 운명처럼 되어 버렸다 "한번 죽는 것은 사람에게 정해진 것이요 그 후에는 심판이 있으리니"_히 9:27.

그렇게 하나님을 떠나 죽음이라는 결과를 피할 수 없는 인간을 성경은 '죄인'이라고 정의한다. 죽을 수밖에 없는 존재…… 바로 죽음 아래 있는 모든 인류가 죄인인 것이다.

그런데 영광스럽게도 하나님은 생명에서 단절된 인간의 운명이 다시 영원한 생명으로 바뀔 수 있다는 것을 미천한 나의 삶을 통해 세상에 알려 주길 원하셨다. 물론 나 역시 처음에는 삶과 죽음에 대해 많이 무지했었다. 므두셀라를 낳기 전까지는 말이다.

이 땅에 태어난 인간이 죽는 것은 어쩌면 당연하다고만 생각했었다. 죽음이라는 결과를 운명처럼 받아들이며 살아가고 있었다. 그러다 므두셀라를 낳은 후 하나님께서 범죄한 세상을 심판하실 거라는 거부할 수 없는 사실을 깨닫게 되었다. 아들의 이름을 므두셀라, 즉 '창을 던지는 자'로 지을 수밖에 없던 이유가 여기에 있다. 왜냐하면 므두셀라가 이 땅을 떠날 때 하나님께서 세상을 심판하실 거라는 사실을 온 영혼으로 깨달았기 때문이다.

종말론적 신앙! 이 신앙을 가지고 살아가는 것이 얼마나 중요한지 그대들에게 꼭 알려 주고 싶다. 이 세상은 우리의 집이 아니다. 하나님은 첫 인류 아담이 범죄한 이후 망가져 버린 세상을 심판하시고, 새 하늘과 새 땅을 재창조하기로 계획하셨다. 그리스도인인 우리 모두는 이 사실을 믿는 자들이 아닌가! 하지만 당시 나는 이 모든 계획을 온전히 알지 못했다. 그래서 절망스러웠고 또 두려웠다. 그때 하나님이 내게 다가와 주셨다. 생명의 하나님이 내 곁으로 와 주신 이후 나는 '하나님과 동행하는 자'라는 새로운 이름을 얻게 되었다.

'하나님과 동행하는 자' 이 얼마나 영광스러운 호칭인가! 나에게 찾아오신 하나님은 300년간 이 땅에서 나와 함께 걸으셨고 영원한 당신의 나라로 나를 데려가셨다. 우리가 자주 부르는 찬송가 가사처럼 '높은 산이 거친 들이 초막이나 궁궐이나 내 주 예수 모신 곳이 그 어디나 하늘나라……' 그렇다. 하나님과 함께하는 곳이 바로 하늘나라다.

많은 성도가 하나님과 동행하며 살았던 나를 부러워할 것이다. 하지만 그보다 더 중요한 사실이 있다. 범죄한 인류의 운명이 바뀔 수 있는 유일한 길, 사망에서 생명으로 옮겨질 수 유일한 길이 주어졌다는 사실이다. 그것은 바로 생명의 하나님과 동행하는 것이다. 그 삶이 바로 죽음이라는 운명의 굴레를 벗어날 수 있는 유일한 길이다. 나 에녹은 죄가 없어서 하나님께로 간 것이 아니다. 나 역시 그대들과 같이 범죄한 아담의 후손이다. 그러나 하나님이 내 곁에 오시니 이 모든 것은 아무런 문제가 되지 않았다. 하하나님은 이러한 놀라운 비밀을 감사하게도 나의 일생을 통해 온 인류 가운데 알려 주고 싶어 하셨다.

나는 도전하고 싶다. 그대들 곁으로 찾아가신 임마누엘 예수님! 그리고 지금 그대들 안으로 찾아가신 또 다른 임마누엘 성령님과 함께하는 삶을 살아가라고 말이다. 그분의 말씀 안에 거하는 것만이 죄와 죽음에서 생명으로 옮겨지는 유일한 길이다. 하나님은 인류를 지배하고 있는 죽음과는 비교할 수 없이 강한 영원한 생명 그 자체이시다.

사람들이 돈을 벌고, 이 땅의 여러 유익한 것을 가지려고 하는 이유가 무엇인가? 행복하게 잘 살기 위해서가 아닌가? 많은 사람이 행복을 가치 있게 여기며 살아간다. 하지만 단언컨대 영원한 생명보다 더 가치 있는 것은 없다. 생명이 전제되어 있지 않은 것은 참된 행복일 수 없기 때문이다. 기억하길 바란다. 모든 행복은 생명이 전제되어 있을 때 비로소 의미를 가진다는 사실을 말이다.

인간의 힘으로 영원한 생명을 얻기란 불가능하다. 그런데 불가능할 것만 같았던 길이 열리게 되었다. 영원한 생명이 우리 곁으로 오신 것이다. 그분이 바로 나에게 다가와 300년간 함께해 주셨던 영원한 생명이신 하나님이다. 임마누엘 예수님이 바로 그대들의 보배요, 삶의 절대적 가치이다. 예수님은 당신을 믿고 따르는 자들에게 "나를 믿는 자는 죽어도 살겠고 무릇 살아서 나를 믿는 자는 영원히 죽지 않는다"고 말씀하셨다. 예수님을 믿는 자들은 육신의 장막을 벗는 그날 영원한 하나님의 나라에 들어가게 될 것이다.

그뿐만 아니라 예수님을 믿는 그 순간부터 유한한 우리의 삶에 영원한 생명은 시작된다. 결국 하나님의 나라에서 기쁨을 누리겠지만, 잠시 있다 사라질 추억의 장소와 같은 이 세상에서도 영원한 분과 동행한다면 하나님의 나라를 누릴 수 있는 것이다.

임마누엘 하나님! 하나님과 함께 동행하는 자들에게 일어날 놀라운 일들을 성경은 나의 인생을 통해 보여 주고 있다. 영원한 생명이 되신 하나님과 함께하는 삶보다 더 가치 있는 삶은 없다는 것을 꼭 기억하길 바란다.

하나님을 순수하게 사랑하는 가치
아브라함 1

"롯이 아브람을 떠난 후에 여호와께서 아브람에게 이르시되 너는 눈을 들어 너 있는 곳에서 북쪽과 남쪽 그리고 동쪽과 서쪽을 바라보라 보이는 땅을 내가 너와 네 자손에게 주리니 영원히 이르리라 내가 네 자손이 땅의 티끌 같게 하리니 사람이 땅의 티끌을 능히 셀 수 있을진대 네 자손도 세리라 너는 일어나 그 땅을 종과 횡으로 두루 다녀 보라 내가 그것을 네게 주리라"

창 13:14-17

날마다 최고의 길을 선택하여 걸어갈 수 있는 비결이 있을까

　인생은 선택의 연속이다. 이 땅을 살아가는 사람들은 매일 크고 작은 선택의 순간과 마주한다. 나의 의지와 상관없이 무언가를 선택해야만 하는 상황도 만나게 된다. 나 역시 그랬다. 맨 처음 하나님께서 아비 집을 떠나라고 하셨을 때도 나는 선택해야 했다. 나는 그때 생명의 안식처와 같은 집을 뒤로하고 하나님의 말씀을 선택하며 지시하시는 방향으로 걸어갔다. 많은 이가 이러한 나의 반응을 높이 평가한다는 것을 알고 있다. 하지만 그렇다고 해서 내가 매번 하나님께서 기뻐하시는 쪽을 선택한 것은 아니다. 부끄럽게도 나는 살기 위해 아내 사라를 누이라고 속였던 적이 있다. 사실 너무나 무섭고 두려웠다. 하나님을 두려워하는 자는 물론이고 하나님을 아는 자도 없는 그곳에서 나는 목숨을 지키기 위해 내 품에 두어야 할 아내를 저버렸다. 그때를 떠올리면 지금도 아내 사라에게 너무 미안하다. 본토 친척 아비 집을 떠나라고 하셨을 때처럼 끝까지 하나님만을 신뢰하고 그분이 원하시는 것을 선택했다면 얼마나 좋았을까 하는 아쉬움이 남는다.

　나는 아비 집을 떠나올 때, 혼자 남겨질 불쌍한 조카 롯도 데리고 나왔다. 시간이 흘러 우리 둘 다 거부가 되어 분가해야만 하는 상황이 되었고, 나는 또다시 선택해야 했다. 조카로 하여금 먼저 원하는 곳을 선택하게 할지 아니면 삼촌인 내가 먼저 좋은 곳을 선택할지 말이다. 나는 롯에게 선택권을 주었다. 롯은 당시 최고의 땅 중 하나인 소돔과 고모라를 택하고 그곳으로 떠났다. 서운한 마음이 전혀 들지 않았다면 거짓말일 것이다.

어찌 되었든 나 역시 또 선택해야 했다. '어떤 길이 가장 좋은 길이지? 어떤 곳이 가장 좋은 곳이지?' 이런 생각을 하고 있을 때 하나님께서 찾아오셨다. 그리고 내게 이렇게 말씀하셨다.

"아브라함아! 네가 서 있는 곳에서 북쪽 남쪽 동쪽 서쪽을 바라보라 네가 서 있는 땅을 너에게 줄 것이다."

동쪽은 앞쪽이고 서쪽은 뒤쪽이며 남쪽은 오른쪽이고 북쪽은 왼쪽을 의미한다. 하나님은 내게 앞뒤 좌우 상관없이 원하는 곳으로 가라고 말씀하신 것이다. 부럽지 않은가? 나는 자랑하려는 것이 아니다. 그대들이 "하나님, 어디로 가야 하나요? 알려 주세요. 앞쪽인가요? 뒤쪽인가요? 왼쪽 그것도 아니면 오른쪽인가요?"를 묻는 자가 아니라, 하나님이 지지하는 인생이 되었으면 하는 마음에서다. "네가 가고 싶은 곳 어디든 선택해 보아라. 네가 선택한 곳 어디든 내가 같이 가 주겠다"라고 우리 하나님께서 말씀하시는 사람이 되었으면 한다. 어디로 갈지 선택하는 것보다 하나님께서 지지하는 인생이 되는 것이 더 중요하기 때문이다.

하나님은 내가 처음 아비 집을 떠날 때도 어디로 가야 하는지, 또 어떤 길로 걸어가야 하는지 알려 주지 않으셨다. 누구나 처음 가는 길을 걸을 때 자신이 맞게 가고 있는지 궁금해한다. 그러나 하나님은 방향과 위치보다 우리가 누구와 함께 걷고, 누구와 함께 머무는지에 더 큰 관심을 가지신다. 물론 우리는 무언가를 결정할 때 어디로 가야 하는지 하나님께 물어야 한다. 그러나 그 전에 어딜 가든 하나님이 함께하는 것에 더 큰 가치를 두며 살아가야 한다. 우리는 내일 일을 잘 모르기 때문에 매번 가장 좋은 길을 선택하는 것은 정말 어렵다. 그러나 비결이 있다. 순수하게 하나님을 사랑하고, 하나님을 삶의 전부로 여기며 하루하루를 살아가면 된다.

나도 처음 아비 집을 떠나 올 때 참으로 막막하고 두려웠다. 방향도, 목적지도 알지 못했기 때문이다. 가야 할 바를 모르니 당연한 반응일지도 모르겠다. 그런데 시간이 조금씩 지나면서 하나님이 내 인생의 길이요 내 삶의 방향이요, 내가 머물러야 하는 처소임을 알게 되니 두려움이 사라졌다"예수께서 이르시되 내가 곧 길이요 진리요 생명이니 나로 말미암지 않고는 아버지께로 올 자가 없느니라"_요 14:6.

우리는 내 인생의 방향이자 목적인 하나님을 곁에 두고도 자주 떼를 쓴다. "어디로 가야 하는지, 무엇을 선택해야 하는지 알려주셔야 하는 것 아닌가요?"라고 말하면서……. 그런데 그거 아는가? 하나님을 순수하게 사랑하는 마음이 가장 아름다운 길을 만든다는 것을……. 하나님을 절대적으로 신뢰하고 순수하게 사랑하는 것이 내 인생의 최고의 길이 된다는 것을…….

우리는 매일매일 하나님의 인도하심을 받아야 살 수 있는 존재이다. 이는 이스라엘 백성이 광야에서 40년간 지내면서 하나님께서 인도하신 길을 걷고, 주께서 머문 곳에서 텐트를 쳤던 것과 같다. 우리라고 다르겠는가? 모든 것을 다 알려고 하지 마라. 그리고 너무 조급해하지도 마라. 하나님께서 그대들에게 원하시는 건 말씀에 순종하면서 자신이 할 수 있는 최고의 믿음으로 반응하며 지금이라는 시간을 말씀과 함께 걷는 것이다. 혹 실수로 잘못된 길로 가고 있다면 하나님은 우리의 발걸음을 되돌리실 것이다.

믿어지는가? 가장 좋은 길은 주님과 함께 걷는 길이고, 가장 좋은 곳은 주님이 머무는 곳이다. 나의 이야기를 통해 그대들이 걸어야 할 인생의 길이요, 방향이자 목적지 중심에 하나님이 계셔야 한다는 것을 기억하길 바란다. 나는 아버지 집을 떠날 때부터 이 사실을 배우는 특권을 누릴 수 있었다. 하나님이 함께 계시는 것, 그보다 더 가치 있는 것은 없다.

하나님의 마음을 나누는 가치
아브라함 2

"여호와께서 또 이르시되 소돔과 고모라에 대한 부르짖음이 크고 그 죄악이 심히 무거우니 내가 이제 내려가서 그 모든 행한 것이 과연 내게 들린 부르짖음과 같은지 그렇지 않은지 내가 보고 알려 하노라 그 사람들이 거기서 떠나 소돔으로 향하여 가고 아브라함은 여호와 앞에 그대로 섰더니"

창 18:20-22

아브라함의 장막

다윗의 장막이라는 표현은 아마도 모두에게 익숙할 것이다. 하나님의 임재가 가득한 찬양이 24시간 울려 퍼지는 곳. 생각만 해도 아름다움과 장엄함이 느껴진다. 그러나 나 아브라함의 장막은 '하나님의 친구 집' 같은 곳이라 감히 부르고 싶다.

하나님은 인간을 사랑하신다. 당신의 독생자까지 내어 주시면서 죄로 죽었던 우리를 다시 살리고 싶어 하시는 분이 바로 우리 하나님이시다. 하나님은 인간이 죄 가운데 죽는 것을 즐겨 하시는 분이 아니다. 많은 이가 이런 부분에서 하나님을 오해하는 것 같아 참으로 안타깝다.

죄가 가진 가장 큰 특징 중 하나는 단절이다. 생명에서 단절된 상태가 바로 죄인이다. 생명에서 단절되면 자연스레 죽음이라는 불청객이 찾아오기 마련이기에 단절은 곧 죽음을 초대하는 행위와도 같다. 인간은 스스로 생명에서 단절되었으면서 하나님을 원망한다. 하나님이 잘못한 것이라곤 우리를 사랑하여 창조하신 것과 우리를 잊지 못할 정도로 사랑하시는 것밖에 없는데 말이다.

나의 조카 롯은 겉으로 보기에 정말 노른자 땅이라 할 만큼 좋은 소돔과 고모라를 선택해서 떠났다. 그런데 그 땅은 죄가 가득한 곳이었다. 하나님은 소돔과 고모라에 죄가 극에 달하자 그곳을 보시려고 천사들과 함께 내려오셨다. 나는 그때 이 땅에 모든 곳이 죄에 감염되어 있음에도 불구하고 하나님의 심판을 받지 않고 있는 것이 기적이요, 은혜라는 것을 알게 되었다.

또한, 심판은 하나님께서 죄가 찼다고 느꼈을 때 하신다는 것도 알게 되었다. 기도도 쌓이지만 우리가 지은 죄도 쌓이기 때문이다.

나는 상수리나무가 있는 곳에서 특별해 보이는 분들을 보았다. 그래서 뜨거운 태양을 피하도록 나의 장막으로 초대하고 후하게 대접했다. 그런데 알고 보니 그분들은 하나님이 보내신 천사요, 한 분은 인간의 모습으로 현현하신 하나님이셨다.

천사들이 소돔과 고모라를 심판하러 떠날 때 하나님은 내 곁에 계속 머물러 계셨다. 그리고 당신께서 왜 오셨는지 말씀해 주셨다. 하나님은 당신의 마음을 숨기지 않고 내게 보여 주셨다. 나는 그때 '아! 창조주인 하나님도 당신의 마음을 나누고 싶은 친구를 원하시는구나!'라는 생각을 하게 되었다. 또한, 하나님은 지금도 당신의 마음을 투명하게 나눌 수 있는 친구를 찾고 계신다는 것을 알게 되었다. 이러한 생각이 끝나기도 전에 하나님은 죄로 가득한 소돔과 고모라를 심판하겠다고 말씀하셨다. 나는 심장이 덜컥 내려앉는 것만 같았다. 그곳에는 내가 아들처럼 사랑하고 아끼는 조카 롯의 가정이 있었기 때문이다. 그때부터 나는 필사적으로 하나님께 매달리며 심판을 유보해 보고자 애썼다.

나는 의인 50명에서 10명까지 그 숫자를 떨어뜨렸다. 그런데 나의 반복되는 요구를 하나님은 싫어하지 않으셨다. 오히려 기꺼이 응대해 주셨다. 마치 하나님도 소돔과 고모라로 갈 원치 않으시는 것만 같았다. 내가 계속해서 간구하기를 원하시는 듯했다. 나는 그때 하나님은 정말 심판을 즐겨 하는 분이 아님을 확신했다.

하나님은 죄로 인해 세상을 심판하러 오실 때 둘러보고 또 둘러보신다. '나의 이 괴로운 마음을 누구와 나눌까'라고 생각하시며 죄로 인해 죽어 가는 영혼들을 함께 바라보며 당신의 아픈 마음에 쉼이 될 곳을 찾고 계셨던 것이다. 송구하게도 그러는 가운데 내 집이 그분의 눈에 띄었던 것 같다. 하나님은 내게 오셔서 내가 범죄한 세상을 향해 중보하길 원하셨다.

심판하시는 것이 하나님의 목적이었다면 왜 내 집에 들르셨겠는가? 하나님은 당신의 아픈 마음과 죄로 인해 죽어 가는 세상을 향해 기도하는 자들을 찾으셨던 것이다. 내가 계속 당신 곁에 머물면서 의인이 50명, 45명, 40명, 30명, 20명, 10명 이렇게 줄여 갈 때 하나님은 불쾌하게 여기신 것이 아니라 오히려 기뻐하셨다.

 나는 이 땅에 교회들과 성도들을 향해 도전하고 싶다. 하나님은 지금도 죄로 가득한 세상을 향해 당신의 마음을 품고 기도하는 자들을 만나고 싶어 하신다. 죄로 죽어 가는 자들을 바라보며 함께 아파하고, 함께 울어 줄 당신의 친구를 찾고 계시는 것이다.
 예전에는 내가 하나님이 머무실 친구의 집이 되어 드렸다. 이제는 그대들이 주님이 머물 친구의 집이 되어 드리면 좋겠다.
 하나님은 그곳에서 마음의 쉼을 누리고, 범죄한 세상을 향한 아픈 마음을 그대들에게 들려주실 것이다. 그리고 그대들이 계속해서 당신의 발걸음을 더디게 만들길 원하실 것이다.
 누가 이 시대에 하나님의 이런 마음을 공유할 친구 집이 되어 주겠는가! 하나님의 친구 집이 되는 가치를 누가 누리겠는가!

하나님이 주신 이름의 가치
야곱

"야곱은 홀로 남았더니 어떤 사람이 날이 새도록 야곱과 씨름하다가 자기가 야곱을 이기지 못함을 보고 그가 야곱의 허벅지 관절을 치매 야곱의 허벅지 관절이 그 사람과 씨름할 때에 어긋났더라 그가 이르되 날이 새려하니 나로 가게 하라 야곱이 이르되 당신이 내게 축복하지 아니하면 가게 하지 아니하겠나이다 그 사람이 그에게 이르되 네 이름이 무엇이냐 그가 이르되 야곱이니이다 그가 이르되 네 이름을 다시는 야곱이라 부를 것이 아니요 이스라엘이라 부를 것이니 이는 네가 하나님과 및 사람들과 겨루어 이겼음이니라"

창 32:24-28

형의 발뒤꿈치를 잡고서라도 먼저가 되고 싶었다

나는 형을 속이고 아버지를 속여서라도 하나님의 복을 받고 싶었다. 수단과 방법을 가리지 않고 하나님의 복만 받으면 된다고 생각했다. 어쩌면 하나님의 복은 그렇게 노력하고 원해야만 받을 수 있는 것으로 생각했는지도 모르겠다. 간절함으로 모든 것이 정당화될 수 있을 것이라 생각하면서 말이다.

하지만 사람들은 내 의도와 상관없이 나를 속이는 자라고 불렀다. 많은 이가 나를 그렇게 알고 있다. 그렇다. 나는 형을 속이고, 아버지를 속이고, 삼촌을 속이면서까지 복을 받고 싶었던 야곱이다. 그렇다고 나를 너무 이상한 사람 취급하지는 않았으면 좋겠다. 이래 봬도 나는 하나님의 축복을 갈망하고 그 복을 받기 위해 목숨까지 걸어 본 사람이니까 말이다.

지금도 형을 속이고 아버지를 속이던 순간을 생각하면 아찔하다. 어찌 되었든 나는 형을 속여서 장자의 명분을 얻었고, 눈먼 아버지를 속여 장자만이 누릴 수 있는 복을 받았다. 처음에는 모든 것이 내 뜻대로 되는 듯했다. 그런데 하나님의 복을 받으면 받을수록 내가 치러야 하는 대가는 너무나 컸다. 사랑하는 어머니를 보지 못했고, '누군가가 나를 죽이지 않을까?' 하는 두려움에 잠을 설쳐야만 했다. 다른 이도 아닌 하나님이 주신 복을 받는데도 이렇게 불안하다면 누가 하나님의 복을 나처럼 받고 싶어 할까…….

그렇게 형과 아버지를 속이고 삼촌 집으로 도망간 나는 그곳에서 20년간 정말 노예처럼 일했다. 그리고 나름대로 머리를 써서 재산을 모았다. 몇 년의 수고 끝에 거부가 된 나는 아버지의 집으로 돌아가고 싶어졌다. 왜냐하면, 하나님께서 아버지의 집으로 돌아가라고 말씀하셨기 때문이다. 그토록 돌아가고 싶었던 아버지의 품이 아니던가! 그런데 가장 큰 두려움의 대상이 나를 기다리고 있었다. 바로 쌍둥이 형 에서다. 아버지는 나를 용서하셨고, 하나님의 권위 앞에 굴복한 삼촌과도 화해했다. 그런데 형 에서는 아니었다. 에서라는 이름은 나에겐 늘 두려움의 대상 그 자체였다. 먹었던 음식도 체하게 만드는 이름. 오랜 시간이 지났어도 여전히 나에 대한 분노를 가지고 있을 형을 생각하면 지금도 온몸이 떨린다.

형의 마음을 달래고자 뇌물도 준비해 보고, 혹시 있을지도 모를 상황을 대비해서 짐승들을 두 떼로 나누는 전략도 짜보았다. 그래도 마음이 진정되지 않았다. "돌아가라"는 하나님의 분명한 말씀과 마하나임에서 그분의 군대도 보았다. 하나님께서 나와 함께하심을 친히 보여 주신 것이다. 그런데도 내 안의 두려움은 쉽게 가시질 않았다. 그렇게 나는 두려움에 떨며 홀로 남아 있었다. 홀로…….

그런데 낯선 사람이 내게 씨름을 걸어오는 게 아닌가! 나는 본능적으로 그의 허리를 잡고 뒹굴고 또 뒹굴었다. 그와 충분히 해 볼 만하다고 느꼈고 급기야는 이길 수 있겠다는 생각도 들었다. 하지만 그는 넘어지지 않았다.

이러한 싸움은 밤이 새도록 이어졌다. 그런데 그가 나의 허벅지 관절을 치는 게 아닌가! 순간 내 허벅지 관절은 어긋나고 말았다. 그때 나는 나와 밤새도록 씨름을 한 사람이 평범한 사람이 아님을 직감적으로 알게 되었다. 처음부터 나를 넘어뜨릴 능력이 있었음에도 밤새도록 나의 눈높이에 맞춰 씨름했다는 것을 알게 된 것이다. 그분은 "날이 새려고 하니 이제 그만 나로 가게 하라"고 말했다. 하지만 그분이 누구인지 알게 된 이상 놓을 수 없었다. 위골된 한쪽 다리를 질질 끌면서도 나는 두 손을 그분의 허리춤에서 놓지 못하고 있었다.

"내게 복을 주십시오. 나를 축복해 주십시오. 나를 축복해 주지 않으면 절대 못 갑니다."

나는 더욱 필사적으로 매달렸다. 그때 그분은 내게 이름을 물으셨다.

'아…… 나의 이름……'

순간 공포감이 밀려왔다. 왜냐하면, 지금 내가 가장 두려워하는 것은 바로 나의 이름이기 때문이다. 어둠 속에서 누군가 "너 야곱 아니니?"라고 알아보는 것만큼 두려운 상황이 또 있을까. 나는 나의 이름을 지워 버리고 싶었다. 누구도 나를 알아보지 못하는 새로운 이름을 갖고 싶을 만큼 야곱이라는 이름이 싫었다. 그런데 그분이 지금 내게 그 이름을 묻고 있는 게 아닌가!

"야…… 야……고……곱입니다."

당당하지 못한 나의 이름, 말하고 싶지 않은 나의 이름을 이야기했다. 이후 내가 알게 된 것이 있는데, 하나님은 내게 새로운 이름을 주시기 전에 반드시 나의 부끄러운 옛 이름을 고백하게 하신다는 사실이다. 우리를 창피하게 하기 위함이 아니다. 영원히 이별하고 싶은 것이 무엇인지 하나님께 분명하게 말하는 시간인 것이다. 그것과 작별을 고하는 시간인 셈이다. 나를 부끄럽게 만들고 두렵게 만드는 이름! 누군가에게 불려지기 싫은 나의 이름을 그분 앞에서 말하는 순간 나는 내 옛 이름과 영원히 작별하게 되었다. 그리고 나의 이름이 속이는 자, 사기꾼과 같은 야곱임을 고백했을 때 그분은 내게 새로운 이름을 주셨다.

"이제부터 너의 이름은 야곱이 아니다. 이스라엘이다. 하나님과 겨루어서 이긴 사람이다."

그렇게 그분은 내게 이스라엘이라는 이름만을 남겨 주고 떠나셨다. '하나님과 겨루어서 이긴 자!' 누가 하나님과 겨루어서 이길 수 있을까. 밤새도록 하나님과 씨름을 했지만 내가 이긴 게 아니라 하나님이 져 주셨음을 나는 잘 알고 있다. 처음에는 '이길 수도 있지 않을까?' 생각도 했었다. 하지만 시간이 지날수록 그분을 이길 수 없다는 것을 알게 되었다. 그런 그분이 내게 져 주신 것이다. 왜였을까? 내가 당신의 자녀이기 때문이다. 하나님을 이길 수 있는 존재는 없다. 하지만 온 우주에 하나님이 유일하게 져 주시는 존재가 있음을 알게 되었다. 바로 당신의 자녀이다.

사랑이 가진 속성이 있는데 더 많이 사랑하는 자가 진다는 것이다. 더 많이 사랑하는 자가 먼저 손을 내밀기 마련이다. 하나님의 마음을 아프게 했던 자는 나였다. "험악한 세월을 살았노라"고 고백할 만큼 좌충우돌하며 살았던 존재는 하나님이 아니라 나였다. 그런데도 하나님은 이런 나를 깊이 사랑하셨다.

"너의 모든 과거의 수치와 죄를 안다. 그래도…… 그런 너를 내가 잊지 못하겠는데 어쩌겠니……. 너를 사랑하는 마음이 이렇게 큰데 어쩌겠니……. 내가 졌다. 그러니 내게 돌아와라. 네가 수치스러워하는 그 이름을 내가 바꿔 주겠다."

하나님은 내가 하나님을 사랑하는 것보다 나를 더 사랑하시는 분이다. 그러기에 져 주신 것이다. 그렇게 지우고 싶은 삶의 흔적을 남기며 살아온 죄인 중의 죄인임에도 불구하고 하나님은 나를 잊지 않으셨다. 나를 향한 그분의 사랑이 당신의 영광스러움을 가리고 내가 있는 곳으로 내려오도록 했던 것이다. 그리고 내게 새 이름을 주셨다. 떠나보내고 싶었던 이름과 작별하도록 새로운 이름을 주신 것이다. 사기꾼이라는 이름을 등지고 하나님의 사랑을 입은 자, 하나님이 절대 잊지 못한 자라는 '이스라엘'이라는 이름을 갖게 된 것이다. 새로운 태양이 떠올랐고 그날 나는 새롭게 태어났다.

사랑하는 나의 형제요, 자매들이여! 우스운 이야기 하나 들려줄까 한다. 그렇게 새로운 이름을 받고 거듭난 그날 이후 사람들은 나를 어떻게 불렀을 것 같은가? 나의 아내요, 종이요, 친구요, 가족들이 나를 어떤 이름으로 불렀다고 생각하는가? 이스라엘? 아니면 야곱? 그들은 여전히 나를 야곱이라 칭했다. 하나님께서 이미 지워버린 그 이름으로 나를 부른 것이다. 하지만 그들과 달리 하나님은 그날 이후 나를 야곱이 아닌 이스라엘로 기억하셨다. 내 과거를 아는 이들은 여전히 나를 야곱이라고 부르겠지만, 하나님은 야곱이라는 이름을 가지고 살아왔던 나의 모든 과거를 잊어버리셨다. 그분에게 나는 이스라엘인 것이다.

사랑하는 이들이여! 그리스도인은 이 땅을 살아가면서 두 개의 이름을 가지고 살아간다. 하나는 옛사람의 이름, 바로 죄인이다. 그리고 다른 하나는 새 사람이라는 이름이다. 세상은 우리를 옛사람으로 기억할 것이다. 마귀는 날마다 옛 이름으로 살아왔던 흔적을 가지고 우리를 참소할 것이다. 하지만 중요한 사실은 하나님께서 나를 어떻게 부르시느냐는 것이다. 그분은 우리를 야곱이 아닌 이스라엘로 부르신다. 그날 이후 나의 이름뿐 아니라 내가 속한 민족은 이스라엘 민족으로 불리게 되었다.

'이스라엘 민족!' 하나님의 사랑을 입은 백성, 하나님이 절대 잊을 수 없는 그분의 사랑을 입은 민족인 것이다. 그런데 그거 아는가? 예수 그리스도 안에 있는 모든 자가 바로 영적 이스라엘이라는 것을 말이다.

그대들의 이름은 무엇인가? 그대들이 예수님 앞에 나와서 '주님 저의 이름은 죄인입니다'라고 고백한다면, 그분은 그대들에게 새로운 이름을 주실 것이다. 어쩌면 세상은 잊어버리고 싶은 그대들의 과거와 흔적을 기억하고 끄집어낼지 모르겠다. 하지만 우리 하나님은 그대들을 새로운 존재 이스라엘로 기억하신다는 사실을 잊지 말라.

시간이 지나도 나는 그날 밤 나를 찾아와 밤새도록 씨름해 주셨던 그분의 손길을 잊을 수 없다. 나는 알고 있다. 그분이 왜 밤에 나를 찾아와서 씨름하셨는지 말이다.

하나님을 보고 살아남을 자는 아무도 없다. 그래서 그분은 당신이 창조한 어둠을 사용하여 잠시 얼굴을 가리면서까지 나와 뒹굴어 주셨던 것이다. 나를 배려하시면서 말이다. 해가 비치고 영광의 광채가 드러날 때 그분의 영광 앞에 설 수 있는 존재가 아무도 없다는 것을 하나님은 너무나 잘 알고 계셨으리라"또 이르시되 네가 내 얼굴을 보지 못하리니 나를 보고 살 자가 없음이니라"_출 33:20. 그래서 하나님은 당신의 영광스러운 얼굴을 가리고 내게 오셨던 것이다. 마치 영광의 왕이신 예수님께서 종의 몸을 입고 우리 가운데 오셨듯 말이다. 지금도 나는 달빛 사이로 비치던 그분의 옅은 실루엣을 결코 잊을 수가 없다.

사랑하는 형제요, 자매들이여! 성경을 보면 이스라엘이 끊임없이 하나님을 배반했던 역사를 보게 될 것이다. 그런데 그거 아는가? 주님은 그 아픈 역사 속에서도 우리를 잊지 않으셨다. 그래서 독생자까지 친히 보내 주셨다. 우리를 보실 때 당신이 직접 지어 주신 이스라엘이라는 이름 때문에 오늘도 져 주시고 또 져 주시는 것이다. 우리를 더 많이 사랑하셔서 우리에게 지실 수밖에 없으신 그분의 마음을 알겠는가? 그래서 나는 회개를 이렇게 정의하고 싶다. 회개란 '죄인 된 나를 잊지 않고 끌어안으신 주님의 크신 은혜 안으로 들어가는 시간'이라고 말이다. 사랑과 용서의 마음을 가지고 우리를 대하시는 하나님의 사랑을 경험한 자들은 징계가 두려워 엎드리지 않는다. 내가 어떤 존재인지 알면서도 기꺼이 끌어안으신 그분의 사랑 때문에 엎드리는 것이다. 자격이 없는데도 불구하고 이스라엘이라는 이름을 주신 그 은혜 때문에 그분 앞에 엎드려 울 수밖에 없는 것이다.

사랑하는 이들이여! 모든 그리스도인은 이 땅을 살아가면서 두 개의 이름을 가지고 살아간다. 그 이름에는 저마다 가치를 가지고 있다. 예수님을 만난 이후 주어진 두 번째 이름은 예수님의 절대적 은혜로 주어진 이름이다. 그리고 지워버리고 싶은 첫 번째 이름, 그 이름은 내가 얼마나 하나님의 은혜를 받을 만한 자격이 없는 존재인지 가르쳐 주는 이름이다.

새로운 이름을 받은 이후 나는 야곱이라는 옛 이름을 지워버리고 싶었다. 계속해서 이스라엘로 불려지길 원했다. 그런데 지우고 싶은 야곱이라는 이름은 내가 육신의 장막을 벗을 때까지 나와 운명을 같이 했다. 이제 야곱이라는 이름은 나에게 너무나 소중하다. 그 이름은 내가 이스라엘이라는 이름을 받을 자격이 없다는 것을 날마다 상기 시켜 주기 때문이다. 나의 옛 이름은 "너는 새로운 이름을 받을 만한 자격이 없다. 잊지 마라. 내가 증인이다"라고 말하고 있는 듯하다.

하나님의 사랑을 입은 자들이여! 두 개의 이름을 가지고 살아가는 이들이여! 그대들에게 주어진 이름의 가치를 잊지 말기 바란다. 하나님의 은혜를 기억하라! 하나님께서 주신 은혜가 얼마나 큰지, 그 은혜를 받을 만한 자격이 없다는 사실을 잊어버리지 않기를 꼭 부탁하고 싶다.

하나님이 목적이 되는 가치
모세

"모세가 여호와께 아뢰되 보시옵소서 주께서 내게 이 백성을 인도하여 올라가라 하시면서 나와 함께 보낼 자를 내게 지시하지 아니하시나이다 주께서 전에 말씀하시기를 나는 이름으로도 너를 알고 너도 내 앞에 은총을 입었다 하셨사온즉 내가 참으로 주의 목전에 은총을 입었사오면 원하건대 주의 길을 내게 보이사 내게 주를 알리시고 나로 주의 목전에 은총을 입게 하시며 이 족속을 주의 백성으로 여기소서 여호와께서 이르시되 내가 친히 가리라 내가 너를 쉬게 하리라 모세가 여호와께 아뢰되 주께서 친히 가지 아니하시려거든 우리를 이곳에서 올려보내지 마옵소서"

출 33:12-15

여전히 준비되어 있지 못했다

물에서 건짐을 받은 자, 이것이 바로 나의 이름이다. 그래서였을까? 하나님은 내게 애굽의 노예로 지내던 당신의 백성을 건져내어 약속의 땅으로 인도하는 사명을 맡기셨다. 어린 시절 친어머니의 양육을 받았던 나는 뼛속까지 히브리인임을 알게 되었다. 40년간 애굽에 있으면서 노예로 지내는 히브리인들을 건져내야 한다는 부담이 있었던 것 같다. 결국 나의 방법으로 일을 그르치게 되었고, 광야로 도망치는 신세가 되어 버렸다. 그렇게 광야에서 40년간 장인의 집에서 생활했다. 내 나이 80세, 인생의 황혼기에 하나님은 또다시 나를 찾아오셨다.

많은 사람이 80년간 잘 준비되어 졌기에 하나님께서 나를 사용하신 것으로 생각한다. 하지만 나는 동의할 수 없다. 왜냐하면, 하나님이 부르시는 그 순간에도 나는 여전히 준비되어 있지 않았기 때문이다. 그렇다고 준비하는 삶을 소홀히 하라는 말은 아니다. 다만, 온 힘을 다해 준비하는 삶을 살아야 하지만 내가 준비되어야만 하나님이 쓰신다는 사고에 사로잡히지는 않았으면 좋겠다. 하나님이 찾아오시는 그 순간이 우리 모두에게 있어서 최고의 타이밍이기 때문이다.

하나님 앞에서 감히 누가 완벽하게 준비되었다고 말할 수 있겠는가! 양을 치던 어느 날 나는 그 어떤 강한 이끌림에 의해 하나님의 산 호렙에 이르게 되었다. 호렙산에서 처음 하나님을 뵈었을 때 하나님은 내게 신을 벗으라고 하셨다. 하나님이 계신 곳은 세상과 구별된 거룩한 곳이기 때문이다. 이때 나는 하나님이 계신 곳은 어디든 거룩한 곳이며 거룩한 곳에 서 있는 자들은 자신이 하나님의 종이라는 사실을 인정하는 표현, 즉 신을 벗어야 한다는 것을 깨달았다.

그러면서 '하나님이 계시지 않은 곳이 어디 있단 말인가! 호렙에서 뿐만 아니라 언제 어디서든 하나님의 종이라는 의식을 가지고 신을 벗는 삶을 살아가야 하는 거 아닌가!'라는 생각을 했다. "나는 하나님께 속한 자입니다"라는 고백을 하며 주님을 따르는 것이 매일매일 신을 벗는 삶이다. 평생 하나님의 임재에 사로잡혀 주님 앞에 사는 자들은 이러한 영적 자세를 가지고 살아가야 한다.

하나님은 나에게 "내가 애굽 왕 바로의 머리를 잡아 비틀 테니 너는 나만 믿고 꼬리를 잡거라!"라고 말씀하셨다. 하나님께서 예수 그리스도를 통해 마귀의 머리를 깨뜨려 버리셨다는 사실을 우리 모두 잘 알고 있지 않은가. 지금 우리가 마주하고 있는 마귀는 머리가 깨져 모든 권세를 상실한 상태이다. 때문에 우리는 마귀와 직면할 때 두려워할 필요가 없다. 하나님은 뱀으로 변한 지팡이를 내 손에 쥐여 주시면서 모든 능력이 하나님의 손에서부터 시작됨을 알려 주셨다.

그리고 하나님은 죄로 인해 부정해져 버린 그들을 당신의 품에 품으심으로 다시 회복 시켜 주시는 기적도 보여 주셨다. 아무리 부정한 사람이라고 해도 주님의 사랑의 품에서 회복되지 않을 영혼은 없다. 나는 두렵고 떨리는 마음으로 고통 가운데 있는 하나님의 백성에게로 향했다.

유월절이 주었던 생명의 경험

하나님은 나를 통해 열 가지 재앙을 애굽에 쏟아부으셨다. 특별히 마지막 열 번째 재앙인 유월절 사건은 아직도 생생하게 기억난다. 하나님께서 애굽 안으로 들어오실 때 그분은 장자의 생명을 취하겠다고 선언하셨다. 그러고는 온 이스라엘 백성에게 양을 잡아 집 문 좌우와 인방에 바르고 고기는 구워서 내장까지 다 먹으라고 하셨다.

그날 나는 하나님의 명령을 백성에게 전달하며 집 바깥으로 나

가지 말라고 당부했고, 나 또한 양의 피가 발라져 있는 집 안에 있었다. 그리고 그날 밤 하나님께서 말씀하신 대로 애굽으로 들어오셨다.

온 애굽이 순식간에 애곡하는 현장으로 바뀌고 있었다. 집 안에 있었지만 여기저기서 통곡하는 소리로 가득했다. 그야말로 두려운 밤이었다. 하지만 양의 피가 발라져 있는 가정은 보호를 받을 수 있었다. 그 이유가 뭘까 묵상해 보았다.

하나님은 공의의 하나님이시다. 약속대로 애굽 안에 있는 모든 첫 것의 생명을 취하셔야 마땅했다. 애굽 안에 있는 모든 이스라엘 백성도 결코 예외일 순 없다. 하지만 하나님은 이스라엘 백성의 집 앞까지 오셔서 집 안으로 들어오지는 않으셨다. 집 앞에는 이미 선혈이 낭자한 장자가 죽어 있었기에 하나님은 이스라엘의 집 안에 있는 장자의 생명을 취하지 않고 넘어가신 것이다. 이것이 바로 유월절의 시작이다.

하나님께서 양의 피를 바르라고 말씀하신 그 순간은 이스라엘을 위해 당신의 장자 즉, 당신의 독생자를 잡는 시간이었다. 그뿐만 아니라 이스라엘 백성이 집 안에서 먹고 있는 양의 고기는 우리를 죽음에서 보호하기 위해 모든 것을 내어 주신 예수 그리스도의 몸이었다.

예수 그리스도는 우리를 보호하기 위해 당신의 일부분이 아닌 전부를 주셨다. 그리고 예수 그리스도의 피는 죽음보다 강하다는 것을 나는 유월절 사건을 통해 알게 되었다. 만일 사랑하는 형제자매들의 영혼에 예수 그리스도의 피가 있다면 분명 죽음은 그대들을 넘보지 못할 것이다. 나는 이미 유월절 사건을 통해 이 진리를 경험했기에 확신을 가지고 말할 수 있다.

모두가 알고 있듯이 하나님이 애굽으로 들어오셨던 것처럼 마지막으로 한 번 더 세상에 들어오실 것이다. 그때는 특정한 민족이나 나라가 아닌 전 인류를 대상으로 들어오신다. 그날도 역시 유월절 어린 양이신 예수님의 보혈이 있는 자만이 죽음의 권세를 이기게 될 것이다. 그러니까 내가 겪었던 첫 번째 유월절은 최후의 날에 일어날 예고편과 같은 셈이다.

길이 없고, 물과 떡이 없는 곳

모든 것이 잘 갖춰진 궁궐에서 40년간 살아본 나는 이후 80년이라는 긴 시간을 온갖 것이 결핍된 장소인 광야에서 보내야 했다. 첫 번째 40년은 장인의 집에서 보냈고, 호렙산에서 하나님을 만난 후 두 번째 40년은 이스라엘 백성과 함께 지냈다. 내 인생은 한마디로 광야 인생이라 해도 무방할 것이다.

  하나님은 늙은 나이에 나를 부르셨다. 그리고 400년간 애굽에서 고통받던 당신의 백성을 나를 통해 출애굽 시키셨다. 그런데 그들을 가나안이 아닌 광야로 이끄시는 것이 아닌가! 모두가 알고 있다시피 광야는 길이 없다. 그리고 물과 먹을 양식떡도 없다. 하나님은 왜 사랑하는 당신의 백성을 구원하신 이후 길도 없고, 물과 떡이 없는 광야로 이끄신 걸까? 그것은 하나님 당신이 이스라엘의 길이요, 생명의 물이요, 생명의 떡이라는 사실을 알려 주시기 위해서다.

  하나님은 늘 우리 인생의 길이요, 생수요, 생명의 떡이 되신다. 하지만 우리 인간은 하나님이 내게 어떤 분이신지 잘 모른다. 아니 어쩌면 관심이 없는지도 모르겠다. 하나님은 광야가 주는 불편함을 감수하더라도 당신의 백성이 하나님이 어떤 분인지 배우고 알게 되는 것을 더 소중히 여기셨던 것이다.

  요한복음 6장을 보면, 인간의 몸을 입고 오신 예수님이 광야에서 당신의 백성에게 식탁을 베푸시는 장면이 등장한다. 예수님은 오천 명에게 떡을 주셨다. 그러면서 당신이 택한 백성에게 자신이 생명의 떡요 6:35, 48이라는 사실을 드러내셨다. 그뿐만 아니라, 주님은 영혼의 목마름을 지닌 채 살아가는 자들에게 생수가 되신 분이다 요 7:38. 또 예수님은 길을 잃어버린 자들에게 생명의 길이 되신다 요 14:6.

  하나님은 나를 40년간 홀로, 나머지 40년은 백성과 함께 광야에 지내게 하시면서 당신을 경험케 하셨다. 그분은 모든 것이 다 갖춰지지 않은 곳에서 당신이 나의 모든 것 되시는 분이라는 사실을 가르쳐 주고 싶으셨던 것이다. 왜냐하면, 불편해도 하나님이 내게 어떤 분이신지를 알고, 또 만나는 것만큼 내 인생에 큰 가치가 있는 것은 없기 때문이다.

아빠 같이 가요

  그렇게 나는 광야에서 하나님이 내게 어떤 분이신지 경험하고 있었다. 어느 정도 시간이 지났을까? 하나님의 초자연적인 기적을 통해 출애굽 했을 뿐 아니라, 두 눈으로 홍해가 갈라지는 것을 보았음에도 불구하고 이스라엘 백성은 금송아지를 만들었다. 당장 그분 앞에 엎드려 백성을 위해 중보했지만, 하나님은 더 이상 이스라엘과 함께 가고 싶어 하지 않으셨다. 그리고 그날 내게 찾아오셔서 이렇게 말씀하셨다.

  "모세야! 너는 애굽 땅에서 인도하여 낸 백성과 함께 여기를 떠나 내가 너희에게 약속한 가나안 땅으로 들어가라. 내가 나의 사자를 앞서 보내어 가나안 족속을 다 쫓아내 주겠다. 그래서 너희들이 그토록 원하는 젖과 꿀이 흐르는 땅에 살도록 하겠다"여호와께서 모세에게 이르시되 너는 네가 애굽 땅에서 인도하여 낸 백성과 함께 여기를 떠나서 내가 아브라함과 이삭과 야곱에게 맹세하여 네 자손에게 주기로 한 그 땅으로 올라가라 내가 사자를 너보다 앞서 보내어 가나안 사람과 아모리 사람과 헷 사람과 브리스 사람과 히위 사람과 여부스 사람을 쫓아내고"_출 33:1-2."

나는 당황했다. '금송아지를 섬겼는데 책망하지 않으시고 젖과 꿀이 흐르는 땅을 주시겠다니……' 이런 생각을 마치기도 전에 하나님께서 말씀을 이어 가셨다.

"하지만 모세야! 나는 너희와 함께 가지 않겠다. 내가 너희와 같이 갈 자신이 없구나. 반복된 죄악과 불평으로 인해 너희를 향한 나의 마음이 분노로 바뀔까 두렵다. 그러니 나는 가지 않겠다. 너희들만 올라가거라"너희를 젖과 꿀이 흐르는 땅에 이르게 하려니와 나는 너희와 함께 올라가지 아니하리니 너희는 목이 곧은 백성인즉 내가 길에서 너희를 진멸할까 염려함이니라 하시니"_출 33:3."

나는 그 순간 마음이 무너져 내렸다. 가나안은 애굽을 나올 때 온 이스라엘이 꿈꿔왔던 약속의 장소가 아닌가! 하나님께서 지금 그 땅을 주시겠다고 하신다. 이제 불편한 광야와 작별할 수 있는 것이다. 그뿐만 아니라 가나안에 있는 자들과 피 터지게 싸울

필요도 없다. 왜냐하면 하나님께서 앞서가셔서 모든 길을 평탄케 해주시겠다고 말씀하셨기 때문이다. 그런데도 내 마음은 전혀 기쁘지 않았다.

왜냐하면, 광야에서 하나님과 함께 지내면서 나도 모르게 내 삶의 목적지가 바뀌었기 때문이다. 가나안은 더는 내 삶의 최종 목적지가 아니었다. 물론 하나님과 함께 가나안에 간다면야 그것도 나쁘지 않을 것이다. 그러나 하나님 없는 가나안은 내게 아무런 의미가 없다. 그때 나는 하나님께 엎드려 대답했다.

"하나님! 하나님께서 가시지 않으면 저도 안 가겠습니다. 하나님과 함께 가는 것이 아니라면 주의 사자가 앞서가서 길을 평탄케 하는 모든 것이 저에겐 아무런 의미가 없습니다."

그리고 이렇게 이야기했다.

"아빠! 같이 가면 안 되나요……. 아빠 같이 가요……."

그렇다. 나는 40년 넘게 광야에서 생활하면서 하나님이 함께 계시는 곳이 하나님 나라라는 사실을 알게 되었다. 하나님이 안 계시는 가나안과 하나님이 함께하시는 광야 중 하나를 선택하라면 나는 하나님과 함께하는 광야를 선택할 것이다.

사랑하는 이들이여! 예수님을 믿으면서 아직도 하나님 없는 가나안을 꿈꾸고 있지는 않은가? 하나님이 그대들과 함께하시든 상관없이 주의 사자가 앞서가서 그대들의 길을 평탄케 하는 것을 복이라 여기며 살아가고 있지는 않은가? 하나님은 우리 삶 속에 결핍과 불편함이라는 환경을 주시기도 한다. 그때 그대들은 부족하고 불편한 광야 속에서 무엇을 배우며 걸어왔는가? 그리고 지금 어떤 가치를 배우며 걸어가고 있는가……. 모든 것이 주어지지 않아도 하나님만 내 곁에 계시면, 그분이 나와 함께하신다면 그것만으로도 충분히 행복한가?

하나님은 오늘도 그때처럼 당신의 백성을 구원하신 이후 광야로 이끌어 가시는 것을 보게 된다. 물이 없고, 길이 없고, 떡이 없는 광야……. 모든 것이 없는 곳에서 하나님이 모든 것 되심을 배우는 장소로 말이다. 그대들은 그곳에서 하나님께 어떤 고백을 드리고 있는가!

저 곳만큼은
내게 주십시오!

시대적 사명에 대한 가치
갈렙

"이제 보소서 여호와께서 이 말씀을 모세에게 이르신 때로부터 이스라엘이 광야에서 방황한 이 사십오 년 동안을 여호와께서 말씀하신 대로 나를 생존하게 하셨나이다 오늘 내가 팔십오 세로되 모세가 나를 보내던 날과 같이 오늘도 내가 여전히 강건하니 내 힘이 그때나 지금이나 같아서 싸움에나 출입에 감당할 수 있으니 그날에 여호와께서 말씀하신 이 산지를 지금 내게 주소서 당신도 그날에 들으셨거니와 그곳에는 아낙 사람이 있고 그 성읍들은 크고 견고할지라도 여호와께서 나와 함께 하시면 내가 여호와께서 말씀하신 대로 그들을 쫓아내리이다 하니"

수 14:10-12

이곳저곳에서 백성의 원망과 탄식의 소리가 진동하고 있다

"하나님이 어찌 우리를 애굽에서 인도하여 이 광야에서 죽게 하신다는 말입니까? 하나님이 우리에게 가라고 하신 가나안에는 거인들이 살고 있어서 들어가면 그들에게 밟히고 말 것입니다. 그들은 우리보다 강합니다."

여기저기서 원망이 끊이질 않고 있다. 그때 나는 원망이 얼마나 강한 전염성을 갖고 있는지 보게 되었다. 나는 백성 가운데 전염병처럼 번지고 있는 원망을 끊어내고자 여호수아와 함께 일어섰다.

"여러분! 하나님께서 약속하신 땅은 정말 젖과 꿀이 흐르는 땅이었습니다. 비록 거인족이 살고 있지만 그들보다 강한 하나님이 우리 곁에 계시지 않습니까? 정녕 하나님이 애굽에서 행하신 일과 홍해를 건너게 하신 기적을 잊었단 말입니까? 두려워하지 맙시다. 그들은 우리의 밥일 뿐입니다."

여호수아와 나는 거인족으로 인해 낙심한 백성의 시선을 하나님께 돌리려고 애썼다. 하지만 백성을 안심시키려다 오히려 돌에 맞아 죽을 **뻔했다**.

그날 나는 알게 되었다. 수많은 기적을 보고 경험을 하고도 믿음이 굳건해지지 않을 수 있다는 것을. 하나님께서 애굽에 쏟아부으신 열 가지 재앙을 보지 않은 이스라엘은 없었다. 아니 이스라엘뿐만 아니라 애굽 사람들도 함께 경험했다. 그렇다고 모두가 하나님을 믿는 것은 아니었다.

하나님은 당신의 백성을 출애굽 시키신 후 홍해 앞으로 인도하셨다. 그리고 당신의 백성이 편히 지나갈 수 있도록 거대한 동풍으로 바다를 가른 후 밤새도록 홍해 밑바닥을 말리셨다. 당신의 백성이 편히 지나갈 수 있도록 하기 위한 하나님의 배려였다. 홍해를 지나온 자들이라면 바다를 가르신 하나님의 전능하심을 결코 부인할 수 없을 것이다. 그뿐인가! 살짝 고개를 들어 하늘을 보면 불기둥과 구름 기둥이 24시간 우리와 함께하고 있다. 아침마다 200만 명이 넘는 민족이 먹을 수 있는 만나는 또 어떤가.

내가 지금 무슨 말을 하고 싶은지 알겠는가? 하나님의 살아 계심과 인도하심, 함께하심을 부인할 만한 것이 우리에게는 없었다. 누구도 이 사실을 부인하거나 핑계할 수 없었다는 말이다. 그런데도 그들은 눈앞에 있는 아낙 자손으로 인해 마음이 무너져 버렸다. 그리고 자신들을 노예에서 구원하신 하나님을 향해 욕설을 퍼붓고 있었다.

여호수아와 나는 이스라엘 민족 가운데 삽시간에 독버섯처럼 퍼지고 있는 불신과 원망을 끊어내려고 서서 외쳤다. 그럼에도 하나님을 향한 그들의 불평은 멈출 줄 몰랐다.

교회 공동체에 하나님을 예배하고 찬양하고 사랑하는 불길이 이렇게 퍼진다면 얼마나 좋을까! 하지만 안타깝게도 교회 안에서 불평과 이간질의 말이 더 빨리 퍼지는 것이 현실이다. 어찌 되었든 이 일로 출애굽 1세대 모두가 40년간 광야를 돌다 죽고 말았다. 이제 남은 자는 다음 세대뿐이었다. 그리고 출애굽 한 1세대는 여호수아와 나 갈렙 둘 뿐이었다.

다음 세대가 알게 하리라

다음 세대에게 여호수아와 나는 어느덧 기성세대가 되어 있었다. 그렇게 40년이라는 긴 시간이 지나 드디어 약속의 땅 가나안에 들어오게 되었다. 하나님의 말씀에 순종할 때 거대한 여리고 성이 무너지는 것을 눈앞에서 보게 되었다. 가나안 정복, 즉 영적 전쟁의 승패가 순종의 여부에 달렸음을 다시금 상기 시켜 주신 하나님의 의도라 하겠다. 중간중간 크고 작은 시행착오가 있긴 했지만 나름대로 말씀에 순종하며 주님이 주신 승리를 경험했다. 이후 하나님은 정복한 땅을 여호수아로 하여금 지파별로 나누게 하셨다.

그렇게 한 성 한 성 정복하다 드디어 헤브론 앞에 서게 되었다. 많은 백성이 여호수아 앞에 모여 있었다. 나는 백발이 다 된 머리를 휘날리며 같은 백발이 되어 있는 여호수아에게로 나아갔다. 그리고 그에게 헤브론 성을 달라고 요구했다.

"하나님의 사람 여호수아여, 당신과 나는 하나님의 명령을 따라 가나안을 정탐했었습니다. 함께 갔던 열 명의 정탐꾼이 헤브론에 있는 아낙 자손을 보고 두려워하였고 돌아온 후 백성에게 악평했습니다. 그러나 당신과 나는 하나님을 끝까지 신뢰했습니다. 결국 이 일로 인해 사랑하는 우리 친구요 동료였던 자들이 하나님의 약속을 누리지 못하지 않았습니까! 그날 나는 다짐 했습니다. 가나안에 들어가면 다른 곳은 몰라도 헤브론만큼은 다음 세대가 아닌 당신과 나, 바로 우리 1세대가 감당해야 한다고 말입니다."

바람에 휘날리는 백발의 여호수아는 나의 마음을 누구보다 잘 이해하고 있음을 느꼈다.

"하나님의 사람 여호수아여, 알지 않습니까? 우리 1세대의 마음을 무너뜨려 버렸던 저 헤브론 성읍을…… 아무것도 아닌 아낙 자손이 사는 저 헤브론 성읍을……. 저곳을 내게 주십시오. 지금 내 나이가 85세이지만, 그때나 지금이나 싸움을 하는데 아무런 문제가 없습니다. 나는 하나님께서 당신과 나를 지금껏 살게 하신 이유가 있다고 생각합니다. 저 헤브론 성읍만큼은 다음 세대에게 짐 지우지 말고 당신과 내가 짊어집시다. 그것이 하나님께서 내게 생명을 연장해 주시고, 또 가나안에 들어오게 하신 이유라고 생각합니다. 하나님의 이름으로 달려가 그들이 아무것도 아니라는 것을 다음 세대에게 보여 주고 싶습니다. 하나님이 함께하시면 가장 견고한 성읍도 모래성처럼 무너진다는 것을 우리 다음 세대가 똑똑히 보았으면 좋겠습니다. 그래서 우리 기성세대와 같은 전철을 다음 세대는 밟지 않았으면 좋겠습니다."

이렇게 말하는 나의 진심을 그 누구보다 잘 공감한 여호수아는 나를 축복하며 헤브론을 나에게 주겠노라고 이야기했다. 나와 여호수아의 대화하는 것을 다음 세대는 숙연한 마음으로 지켜보고 있었다.

백발이 된 두 노인의 대화는 엄숙했고, 또 확고했다. 그렇게 나의 헤브론 정복기는 시작되었다. 나는 하나님을 신뢰하며 헤브론을 향해 달렸고, 아낙 자손을 몰아냈다.

그때나 지금이나 그들은 여전히 우리의 밥이었다. 아무것도 아닌 성읍을 그토록 두려워하며 하나님의 약속을 누리지 못했던 출애굽 1세대의 광야 40년 세월이 너무나 마음 아프게 다가왔다.

그러면서 불순종이 유한한 인생들의 시간을 얼마나 허비하게 만드는지 생각하게 되었다.

하지만 나는 이 헤브론 성읍을 혼자서 다 정복하지 않았다. 다음 세대를 이 싸움에 초대하고 싶었다. 두려웠기 때문도 아니고 혼자 정복하기 힘들어서도 아니었다. 다만, 다음 세대를 이 싸움에 초대함으로 인해 하나님의 크심과 헤브론의 작음을 그들로 하여금 직접 경험하게 해주고 싶었다. 감사하게도 이러한 나의 초대에 옷니엘이 응했고 그와 함께 나는 헤브론을 점령했다.

살아 있다는 것은 사명이다

사랑하는 이들이여! 기성세대가 다음 세대에게 줄 수 있는 가장 큰 가치가 뭐라고 생각하는가? 재물인가? 세상적인 성공인가? 그렇지 않다. 기성세대가 다음 세대에게 줄 수 있는 가장 아름다운 것은 하나님이 어떤 분이신지 보여 주고 그분을 경험하도록 돕는 것이다.

혼자서 다 하는 것만이 상책이 아니다. 특별한 경우가 아니면 기성세대는 다음 세대보다 먼저 이 땅을 떠나게 된다. 그렇게 홀로 남겨진 다음 세대가 불순종했던 기성세대와 같은 전철을 밟지 않도록 알려 주어야 한다. 이것은 하나님을 앞서 경험한 모든 기성세대가 감당해야 하는 사명이기도 하다. 우리처럼 다음 세대가 하나님의 약속을 40년이나 늦게 누리는 일이 없도록 가르치고 경험하도록 도와야 한다.

하나님께서 지금껏 그대들을 생존케 하신 이유가 뭐라고 생각하는가? 더 많은 성공과 더 많은 재물을 모으고, 더 많은 지식을 쌓으라고? 아니다. 지금껏 그대들이 살아 있다는 것은 은혜이며 동시에 사명이다. 시편 기자는 죽지 않고 살아 있는 동안 하나님의 살아 계심을 선포하겠다고 고백했다 "내가 죽지 않고 살아서 여호와께서 하시는 일을 선포하리로다"_시 118:17. 죽지 않고 살아야 하는 이유가 있다면, 내가 믿는 하나님이 어떤 분이신지 알고 그분을 경험하며 그분의 크심을 전해 주기 위함인 것이다.

나 갈렙은 하나님께서 당신의 백성을 애굽에서 절대적 은혜로 구원하시는 모습을 친히 경험한 자이다. 하나님께서 가르신 홍해를 건너면서 그분은 길 없는 곳에서도 당신의 백성을 위해 길을 만드시는 분임을 깨닫게 되었다. 나는 광야에서 벌어진 크고 작은 전투에서 하나님께서 기적처럼 승리를 주셨던 것과 농사도 지을 수 없는 곳에서 200만이 넘는 한 민족을 먹이시고 입히시는 것을 친히 목도한 자이다. 그리고 영광스럽게도 모세도 밟지 못했던 약속의 땅에 들어온 자이다.

출신 성분으로 따지면 나는 이러한 은혜를 받아 누릴 자격이 없는 존재이다. 하나님이 내게 어떤 분이신지 경험한 이후 내가 살아야 하는 이유는 단 하나였다. 죽지 않고 살아서 하나님이 얼마나 크고 위대한 분이신지 다음 세대에게 전파하는 것, 바로 그것이었다.

사랑하는 나의 형제자매들이여! 살아 있다는 것은 사명이다. 살아 있다는 것은 아직 사명이 남아 있다는 의미이다. 하나님께서 나와 여호수아로 하여금 약속의 땅에 들어가게 하신 이유는 다른 이들보다 믿음이 좋아서라고 생각하지 않는다. 나는 결코 모세보다 탁월하다고 생각하지 않는다. 그런데도 하나님께서 나를 살게 하신 이유가 있다면 그것은 다음 세대에게 하나님을 보여 주라는 사명 때문이라 확신한다.

기성세대들이여! 제발 하나님을 알고 그분을 경험하는 가치를 다음 세대에게 알려 주길 바란다. 그대들이 떠난 이후 홀로 남겨질 다음 세대가 또 다른 헤브론을 바라볼 때 열 명의 정탐꾼처럼 두려워 떠는 불신을 반복하지 않도록 말이다. 그래서 하나님께서 적어도 그대들에게 맡기신 산지만큼은 하나님의 나라로 세우고 우리 주님 만나야 하지 않겠는가!

    85세가 넘은 나이였지만, 나는 여전히 싸움에 출입할 수 있는 청년이었다. 그리고 여전히 꿈을 꾸고 있었다. 나에게 있어 가장 큰 가치는 죽지 않고 살아서 하나님을 다음 세대에게 전해 주는 것이었다. 그것이 내가 여호수아에게 헤브론 성읍을 요구했던 이유였다.

하나님과 운명을 같이 하는 가치
룻

"룻이 이르되 내게 어머니를 떠나며 어머니를 따르지 말고 돌아가라 강권하지 마옵소서 어머니께서 가시는 곳에 나도 가고 어머니께서 머무시는 곳에서 나도 머물겠나이다 어머니의 백성이 나의 백성이 되고 어머니의 하나님이 나의 하나님이 되시리니 어머니께서 죽으시는 곳에서 나도 죽어 거기 묻힐 것이라 만일 내가 죽는 일 외에 어머니를 떠나면 여호와께서 내게 벌을 내리시고 더 내리시기를 원하나이다 하는지라"

룻 1:16-17

이스라엘의 대표 빵집 베들레헴에 빵이 떨어졌다

 베들레헴이라는 빵집에 빵이 떨어졌다. 다른 곳도 아니고 빵집에 빵이 없다면 볼 장 다 본 거 아닐까? 결국 세상은 더 많은 빵을 얻기 위한 전쟁터가 아니던가!

 하나님 곁에 있으면 더 좋고 풍성한 빵을 얻을 수 있을 거라 기대했다. 그런데 현실은 빵집에조차 빵이 없다는 것이다.

 하나님이 주신 약속의 땅에 어떻게 기근이 올 수 있단 말인가……. 많은 것을 가지고 있었음에도 계속해서 하나님 곁에 있다가는 지금 있는 것까지 잃어버리지는 않을까 두려웠다. 그렇게 남편과 두 아들을 데리고 나의 어머니 나오미는 내가 있는 모압으로 오게 되었다. 모압이라는 세상이 베들레헴보다 더 나은 빵을 줄 거라 확신하면서 말이다. 결과야 어찌 되었건 그 덕분에 나는 시어머니를 통해 하나님을 만나게 되었다.

 더 나은 빵을 찾아 모압으로 온 어머니는 10년간 이곳에 머물면서 모든 것을 잃어버렸다. 세상도 모압과 똑같다. 처음에는 더 나은 것을 다 줄 것처럼 하다가 시간이 지나면 오히려 가지고 있던 것까지 다 빼앗아 가버린다.

 모든 것을 잃어버린 상실감 속에서 살아가던 그때 하나님께서 당신의 백성을 돌아보셨다는 소식을 듣고 나와 어머니 그리고 동서 이렇게 세 과부가 베들레헴으로 돌아가게 되었다.

어머니는 며느리인 우리에게 아무것도 줄 것이 없어 미안했는지 도중에 각자의 집으로 돌아가 새 인생을 살라고 하셨다. 그렇다. 10년 전 내가 살던 모압에 오셨을 때와 비교해 보면 지금의 어머니는 너무도 초라한 것이 사실이다. 그 어느 보호자도 없이 세 명의 과부가 동거한다는 것은 어쩌면 비극 그 자체일 수 있다. 어머니의 말씀 앞에 나와 동서는 갈림길에 서게 되었다.

결국 동서 오르바는 새로운 빵을 찾아 고향으로 돌아갔다. 그러나 나는 아무것도 남아 있지 않은 어머니 곁에 계속 머물렀다. 어머니는 빵을 얻기 위해 하나님을 등졌었다. 그리고 지금 아무것도 없는 처지가 되었다. 오르바는 아무것도 없는 시어머니 곁에서 자신의 남은 인생을 허비하고 싶지 않았는지도 모른다. 하지만 나는 모든 것을 상실한 어머니와 운명을 같이 하기로 결단했다.

어머니는 작은 며느리가 모압을 선택하여 떠났을 때 깊은 사색에 잠기는 것 같았다. 그리고 결코 어머니를 떠나지 않겠다는 나의 확고한 의지를 확인한 후에도 깊은 생각에 빠지시는 듯했다.

아마도 당신 곁에 빵이 없다는 이유로 모압으로 떠난 작은 며느리와 빵이 없음에도 끝까지 당신 곁에 머물겠다는 나의 모습이 10년 전 당신이 한 선택을 떠오르게 했는지도 모르겠다. 아무것도 없는 자신을 떠나 모압으로 가버린 며느리 오르바를 보면서 빵이 없다는 이유로 하나님을 등지고 모압으로 향했던 자신의 모습이 떠올라서 힘들었을지도 모르겠다.

10년 전 하나님은 베들레헴에 빵이 떨어졌을 때 시어머니가 지금의 나처럼 끝까지 하나님과 운명을 같이 하겠다며 당신 곁에 머무르길 원하지 않으셨을까?

삶이 곤고할 때 우리는 무엇을 가장 먼저 찾고 있는가? 고난과 역경은 모든 이에게 분명 힘들고 어려운 시간이다. 그럼에도 이러한 환경이 우리에게 주는 유익이 있다면 그것은 바로 영적인 착각 속에 살아가고 있는 나의 신앙의 현주소를 분명히 보게 해준다는 것이다. 거품만 잔뜩 차 있는 나의 신앙의 실체와 마주하게 해주는 것이다.

내가 누구를 믿고 따르고 있으며 무엇을 추구하며 살아가고 있는지 말이다. 하나님을 믿는다는 것은 그분과 운명적 공동체가 되겠다는 것을 의미한다. 마치 신랑과 신부가 서약식에서 '기쁠 때나 슬플 때나, 부할 때나 가난할 때나, 건강할 때나 병이 들 때

나 당신만을 사랑하겠다'고 서약하는 것과 같다.

지금의 많은 믿음의 형제자매들이 기쁘고 부하고 건강할 때는 하나님 곁에 머물러 있으려 한다. 하지만 슬프고 가난하고 병이 들 때는 하나님을 원망하고 그분을 등지는 일들이 얼마나 많은지 모른다.

하나님을 믿고 따르는 것은 이 땅에서 좀 더 편안하고 안락한 삶을 살기 위함이 결코 아니다. 신앙은 편안함이 아니라 하나님이 어떤 분이신지 경험해 가는 여정이다. 나는 아무것도 남아 있지 않은 어머니와 그분이 믿는 하나님과 운명을 같이 하기로 했다. 내가 하나님을 믿고 따르는 이유는 세상이 주는 풍성한 **빵** 때문이 아니었다. 나는 그저 하나님이 좋았다. 어머니의 하나님이 좋았다. 그래서 나는 모압이라는 내 백성, 내 민족으로부터 반역자요 배신자라는 소리도 개의치 않을 수 있었다. 어머니와 함께 지내면서 하나님은 내게 생명이요 나의 모든 것이 되었기 때문이다.

예수님께서 물고기 두 마리와 보리떡 다섯 개로 오천 명을 먹여 주신 것을 기억하는가? 예수님께서 주신 양식으로 배를 채운 많은 무리가 그분을 왕으로 세우려고 찾아왔다. 그때 우리 주님은 무리를 향해 "너희가 나를 왕으로 삼으려고 하니 내가 참 기쁘다"라고 말씀하지 않으셨다. 오히려 "너희가 나를 찾아온 까닭은 잠시 너희를 배부르게 해주었던 빵이 내게 있다고 생각하기 때문이구나! 그러나 내가 너희에게 정말 주고 싶은 빵은 세상이 주는 것이 아니라 영원한 생명의 빵이다"라고 말씀하셨다. 이때 많은 무리가 예수님을 떠나갔다. 그리고 예수님은 제자들에게 물으셨다.

"너희도 가려느냐?"

이때 베드로가 그 유명한 고백을 한 것을 기억하는가!

"주여 영생의 말씀이 여기 있는데 우리가 누구에게로 간단 말입니까……."

육신의 풍성함이 목적이 되어 예수님을 찾는 무리와 같은 신앙을 가지고는 주님을 끝까지 따라갈 수 없다. 그러한 신앙을 가지고는 결코 자신의 십자가를 지면서까지 예수님을 따라갈 수 없는 것이다.

하나님보다 하나님의 것을 더 추구하는 지금의 세대들을 향해 말해 주고 싶다. 하나님 안에는 하나님의 것이 있다. 하지만 하나님의 것 안에는 하나님이 없을 수도 있다.

가끔 하나님은 아무것도 없는 상황에서 당신만을 유일한 가치로 여기고 끝까지 함께할 수 있는지 그대들에게 물으실 거다. 그때 오르바가 아닌 나처럼 끝까지 하나님 곁에 머물기 바란다. 하나님과 운명을 같이 하는 것! 그것이 바로 예수 그리스도를 믿는 것이고, 참된 신앙의 가치이다.

끝까지 하나님과 동역하는 가치
엘리야

"······엘리야야 네가 어찌하여 여기 있느냐 그가 대답하되 내가 만군의 하나님 여호와께 열심이 유별하오니 이는 이스라엘 자손이 주의 언약을 버리고 주의 제단을 헐며 칼로 주의 선지자들을 죽였음이오며 오직 나만 남았거늘 그들이 내 생명을 찾아 빼앗으려 하나이다 여호와께서 그에게 이르시되 너는 네 길을 돌이켜 광야를 통하여 다메섹에 가서 이르거든 하사엘에게 기름을 부어 아람의 왕이 되게 하고 너는 또 님시의 아들 예후에게 기름을 부어 이스라엘의 왕이 되게 하고 또 아벨므홀라 사밧의 아들 엘리사에게 기름을 부어 너를 대신하여 선지자가 되게 하라"

왕상 19:13b-16

갈멜산의 승리를 모르는 성도가 있을까

갈멜산의 사건 이후 그토록 고대하던 하나님의 나라가 회복될 거라 기대했었다. 그곳에서 하나님만이 유일한 신이라는 사실을 만방에 보여 주었기 때문이다. 하나님은 나를 통해 당신을 떠났던 이스라엘 백성과 이방 신을 섬기는 자들 그리고 하나님을 거역하는 아합왕 앞에서 기적을 베푸셨다. 불이 하늘에서 내려와 당신의 살아 계심을 드러냈고, 누가 참 신인지 보게 하셨다. 이쯤 되면 왕을 포함해 모든 이가 하나님께로 돌아와야 하는 거 아닌가? 그래서 나는 아합왕 앞으로 달려가며 그가 온 나라에 "나는 보았다. 하나님이 참 신인 것을 내 눈으로 직접 보았다. 이제 나는 우상을 버리고 하나님을 섬기려고 한다. 그리고 모든 나라와 민족 가운데 하나님만을 참 하나님으로 섬길 것을 명령한다"라고 말할 거라 기대했다.

그런데 나의 그러한 바람은 얼마 가지 못해 완전히 산산조각 나고 말았다. 기대했던 아합왕의 모습은커녕 그의 아내 이세벨이 나의 목숨을 요구한다는 소식을 들었기 때문이다. 기대가 너무 컸던 탓일까? 나는 두려웠다. 그래서 왔던 길로 쉬지 않고 달렸다. 달리고 또 달리면서 너무나 비통한 나머지 하염없는 눈물이 흘러내렸다.

"어째서…… 어째서……."

그렇게 끊이지 않는 질문을 반복하며 달리다 보니 광야까지 오고 말았다. 절망으로 가득 차 로뎀 나무 그늘에 앉아 있는 나의 얼굴은 사람의 얼굴이라 하기 힘들 정도였다. 눈물과 콧물이 뒤범벅이 된 채 웅크리고 죽기를 구하는 나의 모습은 흡사 작은 짐승과 다르지 않았다. '하나님의 나라를 기대했는데…… 그리고 다 왔다고 생각했는데…… 이제 모두 물거품이 되어 버렸구나!'라는 생각을 하니 눈물이 멈추지 않았다. 그렇게 울며 하나님께 말했다.

"하나님! 이제 다 끝났습니다. 더는 제가 할 수 있는 게 없습니다. 하나님의 살아 계심을 모든 이에게 보여 주었는데도 그들이 주님께 돌아오지 않았습니다. 그러니 이제 저를 죽여 주십시오. 저는 조상들보다도 못한 놈 아닙니까? 제가 없어진다고 해서 달라질 거 하나 없는 것 같습니다. 그러니 이제 저를 놓아주십시오."

그렇게 슬픔에 잠겨 지쳐 쓰러져 있던 나에게 하나님이 다가오셨다. 그리고 두 번이나 나를 어루만지셨다. 그분의 따뜻한 손길…… 마치 어머니 품에 누워 있는 것 같은 안식이 느껴졌다. 그리고 그분의 어루만져 주심은 '내가 안다. 내가 너의 마음을 안다. 내가 너의 열심과 네가 나를 위해 온 힘을 다해 달려온 그 수고를 안다'라는 사랑의 표현이었다. 그 사랑에 또 눈물 흘리며 잠이 들었다. 엄마 품에 잠든 아이처럼…….

두 번째 나를 어루만지신 하나님은 떡과 물을 주신 후 하나님의 산으로 달려오게 하셨다. 두려움에 떨며 광야로 미친 듯이 전력 질주하던 나는 이제 하나님이 계신 곳을 향해 달리고 또 달렸다. 하나님을 만나면 아무것도 달라지지 않을 것 같은 이 상황을 어떻게 받아들여야 하는지 여쭤보고 싶었다. 보이지 않는 하나님을 보여 주었는데도 믿지 않고 돌이키지도 않는 이 세대를 어떻게 여겨야 하는지, 그리고 이러한 상황에서 내가 무엇을 할 수 있는지 알고 싶었다. 하나님의 산에 도착한 내게 하나님이 찾아오셨다. 그리고 두 차례나 물으셨다.

"엘리야야! 네가 왜 여기 있느냐? 엘리야야! 네가 왜 여기 있느냐?"

"하나님! 저는 모든 것을 다해 하나님의 나라를 꿈꾸며 달려왔습니다. 그런데 온 이스라엘이 하나님의 언약을 버리고 떠났습니다. 칼로 주님의 선지자를 죽이고 제단을 헐어 버리기까지 했습니다. 그래도 저는 혼자서라도 주님의 나라를 위해 목숨 걸고 갈멜산에서 당신의 살아 계심을 드러냈습니다. 하지만 이제 저까지 죽을 상황에 놓였습니다."

나는 '정말 수고했다. 나는 이제 네가 원하는 대로 더 큰 기적과 능력으로 내 나라를 회복하겠다. 같이 가자꾸나'라는 하나님의 말씀을 기대했다. 그러나 하나님은 전혀 예상치 못한 말씀을 하시는 것이 아닌가.

"하사엘을 아람 왕으로, 예후를 이스라엘 왕으로 세워라. 그리고 엘리사를 널 대신해 선지자로 세워라."

나는 하나님께서 왜 이렇게 동문서답하시는지 알지 못했다. 지금 나와 함께 이스라엘로 가서 더 큰 하나님의 능력을 보여 주실 것으로 기대했는데, 그분은 지금 내가 있어야 할 위치와 계속해서 내가 무엇을 해야 하는지만 말씀하셨다.

이후 나는 알게 되었다. 하나님께서 "엘리야야! 네가 지금 어디에 있느냐"라고 부르신 이유는 내가 하나님의 사람으로서 그분이 머물러 있길 원하시는 자리에서 떠났기 때문이라는 사실을 말이다. 내가 기대했던 방식과 내가 꿈꾸던 일들이 물거품처럼 사라지자 나는 조금씩 조금씩 하나님께서 처음 내게 주신 자리에서 멀어졌던 것이다. 그래서 하나님은 내게 "지금 너는 어디에 있느냐?"라고 물으셨던 것이다.

그런데 하나님의 두 번째 말씀은 너무나 가슴 아프게 다가왔다. 하나님께서 왜 아람 왕과 이스라엘 왕과 나를 대신해 엘리사를 세우길 원하시는지 알게 되었기 때문이었다. 하나님은 마치 내게 이렇게 말씀하시는 듯했다.

"엘리야야! 갈멜산에서 모든 사람에게 나의 살아 있음을 보여 줄 때 그들이 내게 돌아올 거라 기대했구나! 모든 이에게 나의 영광을 보여 줬으니 돌아올 거라고 기대했겠지. 그런데 돌아오지 않고 도리어 너를 죽이려고 해서 힘들었니? 사랑하는 나의 아들 엘리야야! 너는 갈멜산의 사건만 경험했지? 나는 네가 태어나기 오래전부터 네가 경험했던 것보다 비교할 수 없을 만큼 많은 아픔을 경험하며 여기까지 왔단다. 나는 온 이스라엘 민족에게 열 가지 재앙을 보여 주었지. 또 모든 이가 볼 수 있도록 밤새 거대한 홍해를 말리고 그들이 마른 땅을 건너게 해주었지. 40년간 길도 없고, 떡과 물도 없는 곳에서 그들의 길이 되고 생명이 되어주었단다. 이후 다시 한번 요단을 말리고 거대한 여리고 성을 무너뜨려 주었지. 그런데 엘리야야! 너 그거 아니? 그렇게 했는데도 그들은 내게 돌아오지 않더구나! 그래도 나는 포기하지 않고 지금까지 달려왔단다. 그런데 네가 지금 포기하려고 하니? 지금껏 달려온 나는 네가 이 땅을 떠난 이후에도 계속해서 포기하지 않고 달려갈 거란다. 너를 대신해 엘리사가 선지자로서 나의 나라를 선포할 거고, 그래도 돌아오지 않으면 계속해서 또 다른 나의 사람들을 보낼 것이다. 그래도 안 되면…… 나의 하나뿐인 독생자까지 너희들에게 보내 줄 것이다. 나는 단 한 순간도 포기하지 않고 달려왔다. 그리고 앞으로도 계속 달려갈 것이다. 왜냐하면 나를 기다리고 있는 나의 백성을 결코 포기할 수 없기 때문이지."

하나님의 메시지에 담겨 있는 그분의 마음이 나를 더욱더 아프게 했다. 그렇다. 나는 분명 기대했었다. 하지만 하나님의 마음을 알게 된 이후 나 역시 포기하지 않고 주님과 함께 달리기로 결단했다. 그리고 다시금 신발 끈을 붙들어 맸다. 하나님의 살아 계심을 보여 주어도 믿지 않는 세대를 만난다 해도 더는 포기하지 않고 주와 함께 달리고 또 달릴 것이다.

어쩌면 세상은 하나님이 독생자를 보내 주어도 꿈쩍하지 않을지도 모르겠다. 그런데도 하나님은 모든 것을 다해 마지막까지 달려가실 것이다.

한 가지 사실을 더 말해 주고 싶다. 나는 하나님의 마음을 로뎀나무가 아니라 하나님의 산에서 경험했다. 힘들고 외롭고 지쳐도 절망의 로뎀나무 그늘에 계속해서 쓰러져 있지 말라는 당부를 하고 싶다.

로뎀나무에 있는 내게 찾아와 나를 어루만져 주신 하나님을 그대들도 경험했다면, 그 힘으로 하나님 앞으로 달려 나가길 부탁한다. 의지를 드려 하나님 앞으로 나와야 하는 것이다. 육신을 쳐서 기도의 자리, 예배의 자리로 나와 엎드려야 하는 것이다. 그때 그곳에서 하나님과 만남이 이뤄진다.

나는 로뎀나무 그늘이 아니라 하나님의 산에서 그분의 얼굴을 보았다. 나보다 더 오랜 시간 아픔과 고통을 견디며 달려오신 하나님의 얼굴을 본 것이다. 나는 나 혼자만 달려왔고 또 나 혼자만 힘들다고 생각했다. 그러나 하나님의 산에서 보았던 그분의 모습은 나와 비교가 되지 않았다. 눈물이 범벅이 된 그분의 얼굴과 시퍼렇게 멍든 가슴을 안고 내가 있는 곳까지 포기하지 않고 달려오신 하나님의 열심을 그곳에서 본 것이다.

감사하게도 나는 그분과 함께 내 삶의 경주를 완주했다. 내가 살았던 때와 지금의 세대가 다를까? 그렇지 않다. 그러나 나는 결과와 상관없이 하나님과 함께 포기하지 않고 달리는 것이 얼마나 가치 있는 것인지 깨닫게 되었다. 결국 그분이 이 땅에 다시 오시면 하나님의 나라는 완성될 것이다. 그때까지 그대들도 포기하지 말고 주님과 함께 달려가길 바란다.

온 힘을 다해 각자의 자리에서 영혼을 섬기고 기도했는데 아무런 변화가 없어서 낙심하고 있는가? 몇십 년을 가정의 회복과 구원을 위해 기도했는데 아무런 결과가 나타나지 않아 내가 그랬듯이 로뎀나무 그늘에 쓰러져 있는가? 포기하지 말고 주와 함께 달려가길 바란다. 하나님의 살아 계심을 보여 주고, 그분의 능력을 부인할 수 없을 만큼 보여 주고, 또 보여 주어도 세상이 돌아오지 않을 수 있다. 그래도 포기하지 말고 하나님과 함께 달려가는 인생이 되길 응원한다.

나는 하나님이 나와 같지 않아서 얼마나 감사한지 모르겠다. 왜냐하면, 나는 멈췄지만 하나님은 단 한 번도 멈춘 적이 없으셨다. 만일 하나님이 나처럼 우리에게 오시는 그 길을 포기하거나 멈추셨다면 지금의 우리는 없었을 것이다.

사랑하는 나의 형제들이여! 포기하지 말고 쓰러져 있는 그곳에서 일어나 끝까지 주와 함께 달려가길 부탁한다. 하나님은 거대한 변화보다 포기하지 않고 당신과 함께 달려가는 삶을 더 큰 가치로 여기시는 분이다.

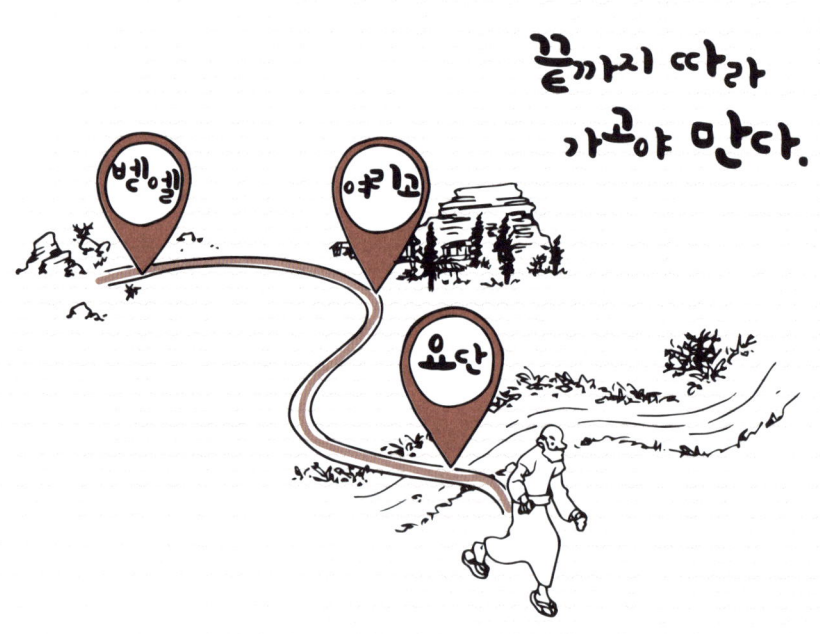

성령님이라는 절대성의 가치
엘리사

"건너매 엘리야가 엘리사에게 이르되 나를 네게서 데려감을 당하기 전에 내가 네게 어떻게 할지를 구하라 엘리사가 이르되 당신의 성령이 하시는 역사가 갑절이나 내게 있게 하소서 하는지라 이르되 네가 어려운 일을 구하는도다 그러나 나를 네게서 데려가시는 것을 네가 보면 그 일이 네게 이루어지려니와 그렇지 아니하면 이루어지지 아니하리라 하고 두 사람이 길을 가며 말하더니 불수레와 불말들이 두 사람을 갈라놓고 엘리야가 회오리 바람으로 하늘로 올라가더라"

왕하 2:9-11

밭을 갈고 있던 내게 스승 엘리야가 찾아왔다

소는 잡아 백성에게 나누어 주었다. 그리고 밭 가는 기구는 모두 불태워 버렸다. 뭔가 모를 거부할 수 없는 부르심 앞에 하나님 나라에만 집중하고 싶었던 것 같다. 내가 이러한 행동을 한 것은 다시는 옛 삶으로 돌아가지 않겠다는 확고한 결단과도 같았다. 쟁기를 들고 뒤돌아보고 싶지 않았다"예수께서 이르시되 손에 쟁기를 잡고 뒤를 돌아보는 자는 하나님의 나라에 합당하지 아니하니라 하시니라"_ 눅 9:62.

그렇게 나는 엘리야를 스승으로 삼고 이스라엘 선지자 학도의 길에 들어섰다. 그런데 이게 웬일인가? 하나님께서 나의 스승인 엘리야를 하늘로 데려가신다는 게 아닌가! 이 사실을 알게 된 순간부터 두려웠다. 스승 엘리야가 없는 이스라엘은 상상할 수도 없었다. 그런데 그가 자꾸 떠나려고 하는 게 아닌가!

엘리야는 가는 곳마다 내게 말했다.

"여기에 남아 있어라."

하지만 나는 단호했다. 아니 절박했다.

"절대 스승님을 떠나지 않겠습니다."

이스라엘을 떠나기 전 홀로 나라와 민족을 돌아보며 마지막 기도를 하고 싶어서였을까? 스승 엘리야는 벧엘로 갔다가 여리고를 거쳐 요단으로 향했다. 요단 강에 이르러 겉옷을 벗어 강물을 쳐서 물을 갈라지게 했다. 이런 놀라운 기적을 옆에서 보면 볼수록 그가 떠나서는 안 된다는 것을 더 절실히 느꼈다.

요단 강을 건넌 후 스승 엘리야가 내게 물었다.

"주께서 나를 데려가시기 전에 네가 바라는 게 무엇인지 말해 보아라. 무엇이든지 구해 보아라."

그때 나는 조금도 망설이지 않고 대답했다.

"내게 갑절의 영감, 그러니까 스승님에게 있는 성령의 갑절의 영감을 주십시오."

내가 그것을 요구할 수밖에 없었던 이유는 그만큼 절실했기 때문이다. 어떤 이는 스승보다 더 크게 쓰임 받고 싶어서 그러한 요구를 했다고 생각하는데 전혀 그렇지 않다. 엘리야가 없는 이 땅에서 선지자로 살아가려면 성령의 능력 없이는 불가능하다는 것을 잘 알고 있었기 때문이다. 엘리야가 누구인가? 갈멜산에서 불로 하나님의 살아 계심을 온 민족에게 보여 준 선지자가 아닌가. 교만한 아합왕과 거짓 선지자, 그리고 온 백성 앞에서 하나님이 참 신이라는 사실을 불로 증명한 선지자, 그가 바로 엘리야이다. 불의 선지자 엘리야…….

그러한 엘리야가 이스라엘 가운데서 사역을 해도 아합왕과 백성의 교만한 마음은 꿈쩍도 하지 않았다. 이스라엘의 회복을 위해 같이 힘을 모아 사역을 해도 모자랄 판에 엘리야가 나의 곁을 떠난다고 하니 너무나 두려웠다. 마치 팀의 90% 이상을 차지하는 에이스가 떠나는 것 같은 느낌이었다고나 할까? 그렇다고 다시 옛날로 돌아가 밭을 갈 수도 없는 노릇이었다.

엘리야를 따라가면서 나는 생각했다. '엘리야가 없어도 이스라엘을 영적으로 감당하려면 그가 가지고 있던 갑절의 능력은 선택이 아니라 필수야'라고 말이다.

성령님의 임재가 절대적인 이유

바라는 것은 뭐든지 말해 보라고 했던 스승 엘리야는 갑절의 능력을 구한 내게 "네가 어려운 것을 구하는구나!"라고 말했다. 애당초 분에 넘치는 것을 구했는지도 모른다는 생각이 들었다. 그리고 어쩌면 정말 엘리야의 능력 밖의 것을 요구했는지도 모르겠다. 잠시 고민하던 엘리야는 "하지만 하나님께서 나를 데려가시는 것을 네가 본다면 너는 반드시 네가 구한 것을 받게 될 것이다"라고 말했다.

끝까지 엘리야를 따르고자 했던 내게 그것은 어려운 일이 아니었다. 왜냐하면 계속 엘리야를 따라다니다 그가 승천하는 장면을 바라보기만 하면 되니까 말이다.

나는 하나님께서 그를 데려가시는 것을 반드시 보고야 말겠다는 마음으로 계속 그의 곁에 머물러 있었다. 잠시 후 병거와 말소리가 들리는 듯하더니 하나님께서 엘리야를 데려가셨다.

불수레와 불말들이 나와 그의 사이를 갈라놓더니 내가 보는 눈앞에서 엘리야를 데리고 올라가 버린 것이다. 나는 오열했다. 하나님은 너무나도 매정하게 이스라엘의 유일한 희망을 내 눈앞에서 데려가 버리셨다. 그의 겉옷 하나만 남겨둔 채 말이다.

순간 만감이 교차했다. 갑자기 '이제 나는 어떻게 해야 할까? 어디서부터 무엇을 해야 하는가?'라는 두려움이 엄습하기 시작했다. 그렇게 스승 엘리야의 겉옷을 취해 "엘리야의 하나님은 어디 계십니까?"라고 오열하며 강물을 쳤다. 그러자 물이 갈라지는 게 아닌가!

불수레와 불병거가 엘리야와 나와의 사이를 가르고, 또 물이 갈라지는 장면을 통해 하나님은 마치 '언제까지 엘리야의 하나님만 찾고 있을 테냐? 더는 엘리야의 하나님을 찾지 마라! 나는 너의 하나님이다'라고 말씀하시는 듯했다.

하나님은 나와 그의 사이를 갈라놓으시면서 이제부터 다른 이의 하나님이 아닌 나의 하나님으로 삼고 살아가길 원하셨다. 유명하고 능력 있는 사역자에게 기대고 싶은 마음을 다 내려놓고, 다른 사람의 하나님이 아닌 나의 하나님과 함께 내게 주어진 시대적 사명을 감당하길 원하셨던 것이다.

성경을 보면, 죽음을 맛보지 않고 하늘로 올라간 인물이 세 명 있다. 에녹과 엘리야 그리고 예수님이다. 엘리야가 하나님께로 간 이후 홀로 남겨진 내가 하나님의 나라를 세우며 갈 수 있을지 고민했다. 그래서 엘리야에게 있던 성령의 갑절의 능력을 구했던 것이다. 그리고 엘리야가 말했던 대로 그가 승천하는 장면을 바라볼 때 내게 갑절의 능력이 임하게 되었음을 직감하게 되었다. 갑절의 능력은 엘리야가 준 것이 아니라, 약속대로 그가 하나님께로 올라가는 것을 봤을 때 하나님께서 내게 선물로 주신 것이었다.

어쩌면 예수님께서 승천하실 때 제자들의 마음이 꼭 지금의 나의 마음과 같지 않았을까? '예수님 없는 세상, 그분이 없이 세상 끝까지 복음의 증인으로 살 수 있을까?' 하는 두려움이 그들에게도 있지 않았을까 싶다. 내가 하늘로 올라간 엘리야를 쳐다보며 악하고 음란한 이 세대를 어떻게 살아야 하는지 고민했듯 말이다.

그러나 예수님은 승천하시면서 제자들에게 성령님을 보내 주시기로 약속하셨다. 우리 곁에 임마누엘 하나님으로 계시던 분이

이 땅을 떠나시면서 우리 안에 내주하실 또 다른 임마누엘 하나님을 보내 주시겠다고 약속하신 것이다. 예수님은 성령의 권능을 받으면 예루살렘을 시작으로 온 유대와 사마리아와 땅끝까지 하나님의 나라를 세우는 자로 살아갈 수 있다고 말씀하셨다행 1:8. 부활하신 예수님이 떠나실 때는 초조하고 두려웠지만, 오순절 날 그분이 성령님을 보내 주셨을 때 제자들은 목숨을 걸고 하나님 나라를 전하는 자들로 살아갈 수 있게 되었다. 나처럼 말이다.

사랑하는 나의 형제요, 자매들이여! 성경이 기록하고 있는 나의 이야기가 바로 이 장면을 그대들에게 가르쳐 주기 위함이라는 것을 눈치챘는가? 나 역시 스승에게 있던 성령의 갑절의 능력을 구했던 자다. 왜냐하면, 성령의 사람 엘리야가 떠난다고 했기 때문이다. 그때 엘리야가 내게 했던 말을 나는 아직도 기억한다.

"하나님이 나를 네게서 데려가시는 것을 네가 보면 그것이 선물처럼 주어질 것이다."

하나님의 권능은 그분의 나라를 꿈꾸며 약속의 말씀을 믿음으로 바라보는 자들에게 주어진다. 악하고 음란한 세대 속에서 힘 있게 하나님 나라를 전하라고 주시는 선물인 것이며, 그 능력은 바라볼 때 주어진다. 예수 그리스도께서 십자가에서 죽으시고, 부활하신 하나님이시며, 다시 오실 영원한 왕이라는 사실을 믿음의 눈으로 바라보는 자들에게 선물처럼 주어지는 것이 바로 성령님이시다.

제자들도 나처럼 예수님이 떠나셨을 때 상심이 컸을 것이다. 하지만 예수님은 당신의 죽으심과 부활, 그리고 다시 오겠다는 약속행 1:11을 믿음의 눈으로 바라보는 자들에게 약속대로 성령을 부어 주셨다. 그리고 성령의 권능을 받은 제자들은 땅끝까지 나가 복음을 전하는 자들이 되었다.

나는 확신한다. 하나님의 나라는 성령님께서 권능을 부어 주셔야만 가능한 사역임을 말이다. 다시 한번 강조하지만 그 능력은 나의 어떠한 노력으로 주어지는 것이 아니다. 주의 죽으심과 부활, 그리고 주의 다시 오심을 믿음의 눈으로 바라보는 모든 자에게 선물처럼 주어지는 것이다. 더불어 이러한 자들에게 성경이 약속하고 있는 것이 한 가지 더 있다. 나는 죽음을 맛보지 않고 들림을 받았던 성경 인물이 총 세 명이라고 이야기해 왔다. 하나님과 동행했던 에녹, 그리고 나의 스승 엘리야와 예수님. 그런데 놀라운 사실이 하나 더 있다. 그것은 다름 아닌 예수님이 나의 모든 죄를 씻어 주기 위해 십자가에서 죽으셨고, 영원한 생명을 주시기 위해 부활하셨으며, 당신께 속한 자들을 데리러 다시 오실 거라는 믿음을 가진 자들 역시 죽음을 맛보지 않고 주의 나라에 거하게 된다는 것이다. 예수님은 죽은 나사로를 살리실 때 곁에 있는 자들에게 다음과 같이 말씀하셨다.

"예수께서 이르시되 나는 부활이요 생명이니 나를 믿는 자는 죽어도 살겠고 무릇 살아서 나를 믿는 자는 영원히 죽지 아니하리니 이것을 네가 믿느냐"_요 11:25-26

예수님을 믿는 자는 결코 죽지 않는다. 예수님이 말씀하시는 생명과 죽음에 대한 정의는 세상의 정의와 다르다. 예수님은 그리스도의 생명을 가진 자는 살아도 살아 있고, 육체가 사라져도 살아 있는 자라고 말씀하신다. 예수님의 죽으심과 부활, 그리고 그분의 다시 오심을 믿음의 눈으로 바라보는 모든 자를 그분은 반드시 데리러 오실 것이다"내 아버지 집에 거할 곳이 많도다 그렇지 않으면 너희에게 일렀으리라 내가 너희를 위하여 거처를 예비하러 가노니 가서 너희를 위하여 거처를 예비하면 내가 다시 와서 너희를 내게로 영접하여 나 있는 곳에 너희도 있게 하리라"_요 14:2-3.

에녹, 엘리야, 예수님, 이제 우리 차례인 셈이다. 주님이 우리를 다시 데리러 오실 때까지 성령의 권능으로 힘 있게 하나님의 나라를 전하는 자로 살아가는 것! 이것보다 더 가치 있는 일은 없을 것이다.

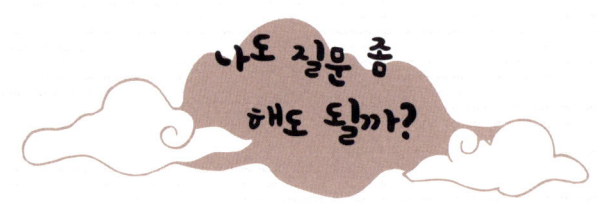

하나님을 알아 가는 가치
욥

"내가 말하겠사오니 주는 들으시고 내가 주께 묻겠사오니 주여 내게 알게 하옵소서 내가 주께 대하여 귀로 듣기만 하였사오나 이제는 눈으로 주를 뵈옵나이다"

욥 42:4-5

고통보다 더 큰 가치

고통보다 더 가치 있는 것은 하나님을 경험하는 것이다. 적어도 성경에 기록된 인물들 가운데 나보다 더 처절한 고통을 경험한 자가 또 있을까? 그렇다. 내 이름은 욥이다. 마음의 준비를 할 겨를도 없이 하루아침에 나는 모든 것을 잃었다. 사탄은 그러한 상황으로 내몰아가 나로 하여금 하나님을 원망하도록 만들고 싶어 했다 "이제 주의 손을 펴서 그의 모든 소유물을 치소서 그리하시면 틀림없이 주를 향하여 욕하지 않겠나이까"_욥 1:11.

솔직히 속상하고 힘들면 때론 하나님을 욕하고 원망할 수도 있지 않을까? 그런데 이것이 사탄이 가장 원하는 결과물 중 하나라는 사실을 아는가! 나의 모든 것을 한순간에 앗아가면서까지 그가 듣고 싶어 했던 것이 바로 하나님을 원망하는 말이었기 때문이다. 도대체 하나님을 원망하는 것이 뭐라고 사탄이 이토록 집착하는 걸까? 나는 이를 통해 우리가 쉽게 생각하는 원망과 불평이 무척이나 영적인 것임을 알게 되었다. 나아가 하나님을 원망하지 않고 감사하는 것은 사탄을 대적하는 정도가 아니라 그를 수치스럽게 하는 강력한 무기라는 것 또한 깨닫게 되었다.

나는 고통 속에서 괴로웠고 아팠고 힘들었다. 도저히 이해할 수 없는 상황에서도 하나님을 예배하고자 몸부림쳤다"욥이 일어나 겉옷을 찢고 머리털을 밀고 땅에 엎드려 예배하며"_욥 1:20.

생각해 보라. 눈에 넣어도 아프지 않을 열 명의 자녀가 같은 날 싸늘한 주검이 되어 돌아왔다. 여러 사람을 돕고 섬겼던 그 많은 물질도 하루아침에 안개처럼 사라져 버렸다. 급기야 구더기가 자기의 집인 줄 착각할 정도로 나의 몸은 냄새나고 더럽혀졌다.

함께 믿음의 교제를 나누던 친구들은 나의 아픔을 헤아리지 못한 채 날 선 논리로 나를 정죄하기에 바빴다. 개인적으로 가장 힘들었던 것은 내 곁에서 힘과 용기를 불어넣어 주며 함께 이 상황을 이겨 나가주길 바랐던 사랑하는 아내가 하나님을 저주하고 죽으라고 말했을 때였다.

많은 것을 기대했기 때문일까? 나는 그만큼 상처도 컸다. 내 곁에는 아무도 없었다. 위로자도 없었고, 함께 그 고통의 시간을 이겨 나갈 동무도 없었다. 그렇게 나는 외롭고 힘들었다. 내가 할 수 있는 것이라곤 아무것도 이해되지 않은 상황에서도 끝까지 하나님을 붙들고자 하는 처절한 몸부림이 전부였다.

이해되지 않아도 그렇게 예배의 자리로 나아가는 것 역시 믿음이다. 힘든 상황과 마주하다 보면 가장 먼저 감정이 무너진다. 감정은 열정을 가져다주는 좋은 장점도 있지만, 때론 우리의 표정을 굳어지게 만들기도 한다.

이때 우리는 감정의 지배받기를 거부하고 하나님의 약속과 그분의 선하신 말씀과 지금껏 그분이 내게 주셨던 말씀들을 떠올려야 한다. 나는 이것을 지성적 믿음이라 부르고 싶다. 감정적인 믿음이 무너질 때 지성적인 믿음이 작용해야 한다. 만일 그것까지 무너진다면 의지적인 믿음으로 나아가야 한다. 도저히 예배하고 싶지도 않고 하나님이 이해되지 않아도 의지적으로 내 몸을 쳐서라도 하나님 계신 곳으로 끌고 가야 하는 것이다. 그 정도로 몸부림쳐야 한다.

나는 고통 속에서 하나님을 찾고 또 찾았다. 그러나 하나님을 만날 수는 없었다 *"그런데 내가 앞으로 가도 그가 아니 계시고 뒤로 가도 보이지 아니하며 그가 왼쪽에서 일하시나 내가 만날 수 없고 그가 오른쪽으로 돌이키시나 뵈올 수 없구나"_욥 23:8-9.*

하나님의 부재를 느끼는 순간 나는 모든 사람이 하는 것과 같은 질문을 했다.

"하나님, 도대체…… 왜…… 무엇 때문입니까? 나의 죄 때문입니까? 나는 주께 이러한 진노를 받을 만큼 죄를 짓지 않은 것 같은데 도대체 무엇 때문입니까?"

이해할 수 없는 고통과 아픔의 터널을 지나다 보면 하나님을 믿든 혹 믿지 않든 관계없이 내가 했던 것과 같은 질문을 던지는 것 같다. 'why?'라는 질문을 말이다.

이렇게 고통스러워하는 내게 그토록 기다리던 하나님이 찾아오셨다. 하나님을 만나면 그동안 일어난 일들에 대해 질문하고 싶었다. 왜 이러한 고통의 시간을 나에게 허락하셨는지 밤을 새워서라도 묻고 또 묻고 싶었다. 그리고 적어도 하나님은 날 이해시켜 주셔야 할 의무가 있다고 생각했다. 그런데 나를 찾아오신 하나님은 오히려 내게 질문을 던지셨다. 수많은 나의 물음에 대한 하나님의 대답은 질문이었다. 하나님은 나보다 더 많은 질문을 폭풍처럼 쏟아 내셨다. 하마터면 하나님이 쏟아내신 질문이라는 바람에 날아갈 뻔했다.

끝날 줄 모르는 하나님의 질문을 들으면서 '지금껏 나는 힘든 일을 만날 때마다 하나님을 향해 수많은 질문을 던져 왔고 그 물음에 하나님이 당연히 대답해야 할 의무가 있는 분으로 여겼구나! 그런데 나는 단 한 번도 하나님께서 하시는 질문에 진지하게 대답한 적이 없었구나'라는 생각을 하게 되었다.

세상에 수많은 사람이 "하나님이 살아 계신다면 말해 보라"라고 이야기한다. 그들이 하나님을 향해 던지는 질문의 핵심은

'why'이다. "왜 하필 나입니까? 도대체 나에게 왜 이러십니까?"이다. 그런데 한번 곰곰이 생각해 보라. 그대들은 하나님의 질문에 대답한 적이 있었는가? 나는 고통의 터널을 지나 하나님을 만나게 되면서 나또한 그런 사실이 없음을 알게 되었다. 그리고 하나님의 질문의 요지는 이런 것 같았다.

"네가 다 알지 못하고 다 이해하지 못하고, 내가 설명해 주어도 다 담을 수 없음에도 불구하고 그래도 나를 선한 하나님으로 신뢰할 수 있겠니?"

우리는 하나님을 향해 'why'라고 질문을 던진다. 그런데 하나님은 'nevertheless그럼에도 불구하고'라는 질문을 우리에게 하고 싶어 하신다.

"네가 원하는 결과는 물론, 아무런 변화가 일어나지 않아도 또 이해할 수 없는 상황을 만나도 너는 여전히 나를 향한 믿음의 자리에 머물러 있을 수 있겠니?"

나는 하나님의 이 질문에 믿음으로 반응했다. 그러자 그동안 귀로 듣던 하나님이 눈앞에 보이는 것처럼 선명하게 다가왔다. 그렇게 나는 고통의 터널 속에서 하나님께서 하신 질문을 통해 주님이 내게 어떤 분이신지 경험하게 되었다.

고난 자체는 결코 유익한 것이 아니다. 고난을 통해 하나님이 어떤 분이신지 발견하지 못한다면 그것은 그냥 아프고 고통스러운 시간일 뿐이다. 그러나 그 힘든 일들을 통해서 하나님이 어떤 분이신지 발견하게 된다면 고난은 유익한 도구가 된다.

힘들고 아픈 시간을 보내고 있는 자들이 있는가? 그래서 하나님께 수많은 질문을 던지면서 그 질문에 대답해 주시길 바라고 있는가?
나는 도전하고 싶다. 하나님께 집중포화를 하듯 쏟아붓고 있는 'why'라는 질문을 잠시 멈추고 하나님께서 그대들에게 던지시는 질문에 귀를 기울여 보라. 그대들의 질문에 하나님을 소환하기보다 그분의 질문 앞에 소환되어 보라. 그대들의 질문보다 그대들을 향한 하나님의 질문이 더 가치가 있음을 알게 될 것이다.

하나님을 추억하는 가치
다윗

"여호와는 나의 목자시니 내게 부족함이 없으리로다 그가 나를 푸른 풀밭에 누이시며 쉴 만한 물 가로 인도하시는도다 내 영혼을 소생시키시고 자기 이름을 위하여 의의 길로 인도하시는도다 내가 사망의 음침한 골짜기로 다닐지라도 해를 두려워하지 않을 것은 주께서 나와 함께 하심이라 주의 지팡이와 막대기가 나를 안위하시나이다 주께서 내 원수의 목전에서 내게 상을 차려 주시고 기름을 내 머리에 부으셨으니 내 잔이 넘치나이다 내 평생에 선하심과 인자하심이 반드시 나를 따르리니 내가 여호와의 집에 영원히 살리로다"

시 23:1-6

여호와는 나의 목자시니 내게 부족함이 없으리로다

많은 이가 나를 하나님의 마음에 합한 자로 기억한다. 하나님께서 나를 그렇게 평가해 주는 것이 얼마나 감사하고 또 영광스러운지 모르겠다.

하지만 모두가 알다시피 나는 잠시 영적인 나태함에 빠져 충성스러운 신하의 아내를 탐했던 사람이다. 하나님께서 나단 선지자를 통해 책망하시기까지 거의 일 년간 내가 무슨 죄를 지었는지 또 그 죄가 얼마나 하나님의 마음을 아프게 했는지조차 깨닫지 못했었다. 그만큼 영적으로 무지했고 죄에 대해 무감각했던 시절이 있었다.

그럼에도 하나님은 내게 찾아오셔서 깨닫게 해주셨다. 회개의 영을 부어 주신 이후 나의 인생의 여정 가운데 깊이 들어와 당신이 내게 어떤 분이신지 경험케 하셨다.

시편 23편의 고백을 하나님께 드릴 때도 나에게는 여전히 결핍이 있었다. 이 땅에 모든 것이 다 갖춰진 사람이 어디 있겠는가? 처음 하나님을 믿고 그분을 따를 때 나는 확신했다. '주님은 나를 푸른 풀밭 쉴만한 곳으로 인도하시는 분'이라는 사실을 말이다. 그분이 내 삶의 모든 결핍과 문제를 해결하시고 내게 형통한 것만을 주실 거라 믿었던 것이다.

그런데 이게 웬일인가! 하나님이 나를 죽음의 냄새가 가득한 골짜기로 데려가시는 게 아닌가! 이것은 내가 처음 그분을 믿고 따를 때 전혀 예상하지 못했던 그림이었다.

많은 사람이 예수님을 믿고 형통한 삶을 꿈꾸지 가난과 불통을 꿈꾸지는 않는다. 나 역시 그랬다. 하나님을 따라가면 세상이 줄 수 없는 쉼과 형통함이 주어질 거라 생각했다. 그런데 지금 하나님은 나를 사망의 음침한 골짜기로 데려가고 계신다.

그렇게 나는 주님과 함께 죽음의 골짜기를 지나가고 있다. 내가 주님과 함께 죽음의 골짜기를 지나갈 수 있었던 이유는 간단하다. 반복해서 그분과 걷다 보니 하나님 자체가 내게 푸른 풀밭이요 쉴만한 곳임을 발견하게 되었기 때문이다. 그분이 없는 푸른 풀밭과 물가는 더는 내게 어떤 의미도 될 수 없었다. 처음엔 나도 그분이 가장 좋은 곳으로 나를 인도해 주실 것으로 생각했다. 그러다 차츰 시간이 지나면서 사랑하는 그분과 함께 있는 것보다 더 좋은 곳이 없음을 알게 되었다. 하나님이 내 인생의 푸른 풀밭이요 쉴만한 물가라는 사실을 깨닫게 된 것이다.

나는 지금을 살아가는 많은 믿음의 후배에게 권면하고 싶다. 우리 인생의 푸른 풀밭이자 쉴만한 안식처가 되시는 분은 예수님이시다. 혹 예수님과 동행하고 있으면서도 왜 나를 푸른 풀밭으로 인도해 주시지 않느냐고 불평하고 있지는 않은가? 그렇다면 그대들은 아직 그대들의 삶을 인도하고 계시는 예수님이 어떤 분이시며, 또 얼마나 가치 있는 분인지 모르고 있는 것이다.

두렵고 떨리기만 했던 사망의 음침한 골짜기를 지나면서 한 가지 더 경험한 것이 있다. 바로 나의 주님은 죽음보다 강한 분이라는 사실이다. 이후 나는 더는 죽음을 두려워하지 않게 되었다. 왜냐하면 죽음보다 강한 그분이 내 곁에 계시고 그분의 생명이 내 안에 있기 때문이다.

나는 천하디천한 목동에서 하나님의 절대적인 은혜로 이스라엘의 왕이 되었다. 그런데 아들 압살롬의 반역으로 왕궁에서 다시 광야로 내몰리는 신세가 되었다. 이스라엘 왕 가운데 왕궁에서 광야로 내쫓김을 당한 왕은 아마 나밖에 없을 것이다. 인간적으로 보면 왕궁은 참 편하고 모든 것이 갖춰진 곳이다. 반면 광야는 불편하고 모든 것이 부족한 곳이다. 그런데 막상 광야로 나가보니 그곳에 있는 나무와 바위와 새들이 내게 이렇게 말하고 있었다.

"다윗 기억나니? 여기가 하나님께서 너를 숨겨 주셨던 곳이야. 여기서 네가 하나님을 반석이라고 고백했었지."

아무것도 없는 가운데서도 하나님은 나의 모든 것이 되어 주심을 경험했던 곳이 바로 광야였다. 이처럼 익숙한 광야에서 나는 하나님과 함께했던 추억에 빠지기 시작했다. 왕궁이 주는 편안함보다 불편해도 나의 하나님과 함께 있는 시간이 더 큰 가치로 다가왔다. 그분 자체가 내 인생의 최고의 가치라는 것을 깨닫게 된 것이다. 하나님 없는 왕궁의 화려함과 안락함은 더는 내게 아무런 의미가 없다. 하나님은 아무것도 없는 광야라 할지라도 당신과 함께 있는 것이 얼마나 가치 있는 삶인지 깨닫게 해주셨다.

감히 단언하고 싶다. 하나님을 인생의 우선순위라고 말하지 마라. 하나님은 우리 인생의 우선순위가 아니라 전부가 되시는 분이시다.

나는 푸른 풀밭 쉴만한 물가와는 거리가 먼 불편한 상황들을 참 많이 만났다. 하지만 나와 함께하신 하나님으로 인해 내가 겪었던 모든 불편함을 견딜 수 있었다. 하나님이 내 삶에 쉴만한 물가가 되어 주셨기 때문이다.

나의 장인 사울왕을 피해 다니고 또 아들에게 쫓기는 신세였을 때도 나를 숨겨 주시는 하나님을 경험하는 축복의 시간을 보냈다.

내가 경험했던 상황을 겪고 싶은 이가 과연 어디에 있겠는가!

그러나 인생을 살다 보면 내가 원하는 상황만 만날 순 없는 노릇이다. 내가 원치 않는 수많은 상황 속에서 원망과 탄식으로만 일관하지 말고 하나님을 경험하는 생명의 시간으로 삼길 바란다.

죽음의 골짜기와 같은 상황은 죽어야 하는 시간이 아니라 내가 믿는 하나님이 죽음보다 강한 분임을 경험하는 시간이다.

나와 같은 믿음의 고백을 해보고 싶지 않은가? 그렇다면 하나님이 그대들에게 어떤 분이신지, 그분에 대한 가치를 먼저 깨닫길 바란다.

날 위해 죽어 주신 어린양의 가치
아삽

"볼지어다 이들은 악인들이라도 항상 평안하고 재물은 더욱 불어나도다 내가 내 마음을 깨끗하게 하며 내 손을 씻어 무죄하다 한 것이 실로 헛되도다 나는 종일 재난을 당하며 아침마다 징벌을 받았도다 내가 만일 스스로 이르기를 내가 그들처럼 말하리라 하였더라면 나는 주의 아들들의 세대에 대하여 악행을 행하였으리이다 내가 어쩌면 이를 알까 하여 생각한즉 그것이 내게 심한 고통이 되었더니 하나님의 성소에 들어갈 때에야 그들의 종말을 내가 깨달았나이다"

시 73:12-17

왜 이리 마음이 어려운 걸까

매일 같이 성전에 가서 찬양하고 예배를 드리건만 오늘도 나의 마음은 무겁기만 하다. 그렇게 무거운 마음으로 돌아오는데 썩 유쾌하지 않은 소식들이 여기저기서 들려 온다. 그것은 하나님을 믿지 않는 자들이 부해지고 건강해지고 성공했다는 말들이었다.

그런데 이러한 이야기들이 나의 마음을 참 어렵게 하고 있음을 알게 되었다. 오늘도 나를 포함해 많은 성도가 하나님 앞에서 참회하고 또 금식하며 울었다. 그런데 이들의 삶은 여전히 가난에서 헤어나오질 못하고 있고 그다지 성공한 사람도 없어 보인다.

반면 하나님을 알지 못하고 더 나아가 대적하는 자들은 나날이 형통해 갔다. 이렇게 부조리해 보이는 현실 속에서 나의 마음은 조금씩 어려워졌고 이내 곧 실족할 정도로 영적 상태가 바닥을 치고 있었다.

내 눈에 비치는 악인들은 죽을 때도 아무런 고통이 없어 보였다. 죽을 때까지 악하게 살았던 삶에 대한 보응은 찾아볼 수도 없었다. 이게 어찌 공평하다 할 수 있겠는가! 적어도 죽을 때 만큼이라도 이런저런 병에 걸려 신음하다가 고통 속에서 죽어 가야 하는 거 아닌가?

그뿐 아니다. 그들은 죽을 때는 물론 살아갈 때도 사람들이라면 으레 겪는 고난과 재앙 한번 경험하지 않았다. 이게 말이 되는가? 착하게 살면 복을 받고 악하게 살면 벌을 받는 게 마땅한 것 아닌가? 그런데 악인은 사는 동안은 물론 죽을 때도 고난과 재앙 한번 없이 모든 것이 형통해 보였다. 적어도 나의 눈엔 그렇게 보였다.

그래서일까? 그들이 두려워하는 존재는 없어 보인다. 하나님 무서운 줄 모르고 나대는 그들의 교만은 하늘을 찔렀다. 얼마나 좋은 것만 먹고 다니는지 더 이상 살이 찔 곳이 없어 눈에 살이 찔 정도이다.

소득은 늘 예상했던 것보다 훨씬 웃돈다. 생각해 보라! '이번 달에 한 천만 정도만 벌어 볼까!'라고 마음먹었는데 벌리는 돈은 몇천만 원, 몇억을 손에 쥐는 것이다. 솔직히 이러한 복은 하나님을 잘 믿는 자들이 받아야 하는 복 아닌가! 그대들도 그렇게 생각하지 않나?

그런데 이러한 복이 하나님을 잘 믿는 사람이 아니라 악하게 사는 자에게 주어지고 있는 게 현실이다. 그들은 누구도 두려워하지 않는다. 일도 잘되고 자식도 잘되고 재산은 날로 불어나기만 하니 아쉬울 것이 뭐가 있겠는가! 하나님을 두려워하지 않는 그들의 횡포는 멈출 줄 몰랐다.

반면, 오늘도 나는 뭘 하고 왔는가! 나는 하나님 앞에 가서 탄식하며 참회하고 왔다. 점점 이러한 시간이 반복될수록 나의 삶이 무의미해 보이기 시작했다.

'악인은 저렇게 잘 되는데 나 혼자 경건하게 살기 위해 몸부림치는 게 무슨 의미가 있을까.'

이러한 생각이 점점 나를 지배하고 있었다. 그래서 내 마음이 참 어렵기만 하다. 이런 내 마음을 그대들은 이해할 수 있겠는가?

'적어도 하나님이 살아 계신다면 하나님을 두려워하지 않는 저 교만한 악인들을 처단해 주시고, 당신을 사랑하는 자들에게 복을 주어야 하는 거 아닌가요? 악인들이 받아 누리는 복을 당신의 백성이 누려야 하는 거 아닌가요?' 나는 이러한 생각들로 힘든 나날을 보내고 있었다.

혹 그대들 중에 나와 같은 고민으로 힘든 시간을 보낸 사람들은 없었는가? 그대들은 이러한 상황을 어떻게 이겨내고 있는가? 나? 나는 이러한 고민의 시간을 통해 무엇이 참된 가치인지 알게 되었다.

처음에는 나도 하나님을 믿으면서 재산이 늘어나고 건강하고 평안히 죽는 것이 인생의 가치라고 생각했다. 하지만 이 모든 것이 영원한 죽음으로부터 결코 우리를 지켜 줄 수 없다는 것을 깨닫게 된 것이다.

당신을 위해 죽어 줄 어린 양이 있는가

악인의 형통함으로 인해 상실감에 빠졌던 그날도 나는 성소로 향하고 있었다. 그런데 성소에 들어가면서 그동안 나의 마음을 어렵게 했던 모든 것이 한순간에 해결됨을 느꼈다.

하나님의 성소에 들어가면 가장 먼저 접하게 되는 곳이 바로 뜰마당이다. 뜰에는 크게 제물을 태우는 번제단과 물두멍이 있다. 그러니까 뜰은 죽어 가는 짐승의 소리와 피 냄새, 그리고 고기 태우는 냄새가 진동하는 곳이다. 바로 그곳을 지나야 하나님이 계신 성소와 지성소로 들어갈 수가 있다.

전에는 피 냄새와 짐승의 울음소리, 그리고 고기 타는 냄새로 가득한 이곳을 얼른 지나쳐 왔었다. 그런데 오늘만큼은 이곳에서 벌어지는 일들이 전혀 다른 교훈으로 내 마음에 다가온 것이다. 오감을 진동하는 피 냄새와 고기 타는 냄새, 매일 같이 고통 속에서 울부짖으며 죽어 가는 짐승들의 모습은 이전과 변함이 없었는데, 이날따라 그 모습을 바라보면서 '이 모든 것이 무엇을 위한 일인가! 그리고 누구를 위한 것인가!'라는 생각에 잠기게 된 것이다.

그렇다. 뜰에서 이뤄지는 모든 일은 죄인 된 우리를 구원하기 위해 하나님께서 정하신 것들이다. 뜰은 죄로 인해 죽어 마땅한 나를 살리기 위해 하나님께서 나 대신 짐승을 잡는 현장이었던 것이다. 그러면서 그 옛날 출애굽 사건이 생각이 났다.

하나님은 애굽의 장자를 치실 때 당신의 백성을 보호하기 위해 문 인방 좌우 설주에 양의 피를 바르라고 하셨다. 양의 피가 발라져 있는 집은 죽음의 사자가 넘보지 못하고 지나갈 것이라고 하면서 말이다.

이스라엘 민족은 하나님 말씀대로 어린양을 잡아 그 피를 문 인방 좌우 설주에 바르기 시작했다. 저녁이 되었다. 공의의 하나님이 애굽 안으로 들어오셨다. 그리고 양의 피가 발라져 있지 않은 가정의 장자는 예외 없이 그 생명을 모두 거두어 가셨다. 양의 피가 발라져 있는 이스라엘의 가정만 예외였다.

장자의 생명을 취하겠다고 하셨던 하나님께서 왜 이스라엘 가정의 장자만 취하지 않으신 걸까? 이유는 간단하다. 이스라엘 가정에는 이미 장자가 죽어 있었기 때문이다. 이스라엘 집 문 앞에 이미 장자가 죽어 있었기 때문에 더는 장자의 생명을 취할 이유가 없었던 것이다.

그러니까 어린양 되신 예수님께서 대신 죽어 주신 가정의 장자는 모두 차자가 되는 것이다. 애굽 안으로 들어가셨던 하나님은 마지막 날 온 인류 안으로 다시 한번 들어오실 것이다. 그날 어린 양의 피가 있는 자는 죽음에서 보호를 받겠지만, 어린 양의 피가 없는 자는 결단코 죽음에서 보호받을 수 없을 것이다.

평생을 애쓰고 모은 재물은 물론 그 어떤 것도 우리를 영원한 죽음에서 건져 줄 수는 없다. 매일 같이 성소를 오가던 나는 부끄럽게도 이 사실을 간과한 채 몸만 왔다 갔다 하는 예배를 드렸던 것이다.

오늘 우리가 성소에 들어가 하나님을 자유롭게 아버지라 부를 수 있는 축복은 거저 주어진 것이 아니다. 저 뜰에서 우리의 죄를 위해 죽어 주신 어린 양의 주검이 있기 때문에 가능한 일이다. 만일 우리가 하나님을 예배한다고 하면서 여전히 세상을 부러워하고, 악인의 형통함을 부러워하고 나아가 나를 위해 죽어 주신 하나님의 어린 양이 얼마나 소중한지 간과한다면 미안하지만 그대들도 나처럼 미련한 자이다.

성소 안에서 이뤄지는 일들을 보면서 내가 얼마나 무지한지 깨닫게 되었다. 그리고 나를 대신해 죽어 줄 어린 양이 있는 자들이 얼마나 행복한 존재인지 비로소 깨닫게 되었다. 모든 행복은 생명이 전제될 때 비로소 의미가 있기 때문이다.

사랑하는 나의 친구들이여! 하나님께서 그대들의 죄를 대속해 주시기 위해 어린 양을 내어 주셨다. 어린양의 보혈이 있는 자들은 죽음의 권세가 어떠한 권한도 행사할 수 없게 된다. 유월절은 이 사실을 증명해 주는 사건이었다.

사랑하는 친구들이여! 하나님께서 애굽 안으로 들어오셨던 것처럼 한 번 더 이 땅에 들어오실 것이다. 그날 인류는 '나를 위해 죽어 준 어린 양이 있는 자'와 '나를 위해 죽어 준 어린 양이 없는 자'로 나뉘게 될 것이다. 자신을 위해 죽어 준 어린 양이 있는 그대들은 세상에서 가장 가치 있는 것을 얻은 사람이다.

한 영혼의 가치
요나

"여호와께서 이르시되 네가 수고도 아니하였고 재배도 아니하였고 하룻밤에 났다가 하룻밤에 말라 버린 이 박넝쿨을 아꼈거든 하물며 이 큰 성읍 니느웨에는 좌우를 분변하지 못하는 자가 십이만여 명이요 가축도 많이 있나니 내가 어찌 아끼지 아니하겠느냐 하시니라"

욘 4:10-11

정말 죽으면 죽었지 그곳만큼은 가기 싫었다

 죽기보다 싫은 사역을 맡아 본 적이 있는가? 내가 하고 싶은 건 따로 있는데 하나님께서 전혀 다른 영역을 맡기실 때의 기분이 어떠한지 짐작되는가?

 하나님은 선지자인 나를 선민 이스라엘이 아니라 이방 나라 그것도 우리의 원수인 앗수르의 심장부와 같은 니느웨로 보내려고 하셨다. 나는 하나님의 이러한 명령이 못마땅해 결국 그분의 말씀을 거역했다. 그런데 이게 웬일인가? 하나님의 말씀을 거역했는데도 불구하고 모든 일이 술술 풀리는 것이 아닌가! 뒤늦게 안 사실이지만 일이 순조롭게 진행되는가 그렇지 않은가를 가지고 하나님의 뜻을 분별하는 건 참으로 어리석은 일이다.

 어찌 되었든 나는 니느웨가 아닌 다시스로 가는 배로 뛰어내렸다. 그런데도 마음이 놓이지 않아 하나님을 피해 숨을 곳을 찾다가 배 가장 밑바닥까지 내려갔다. 아마 이것이 하나님을 떠난 자들의 본성이 아닐까 싶다. 하나님을 떠난 자리에 있다 보면 본능적으로 그분을 피해 숨게 된다.

 가끔 유흥점에 가도 되느냐고 묻는 성도들이 있다. 그곳에 가서 하나님의 임재를 간절히 구할 수 있다면 가라! 그런데 만일 그곳에서 하나님을 생각하는 게 불편하고 그분을 피해 숨고 싶은 마음이 든다면…… 그래서 당당히 하나님을 찾을 수 없고, 하나님이 부담스럽게 느껴진다면 분명 그대는 하나님과 상관없는 자리에 서 있는 것이다.

왜 그렇게 잘 아느냐고? 내가 먼저 경험해 봤으니까. 나는 그렇게 하나님을 피해 배 아래서 깊은 잠에 빠져 버렸다. 폭풍을 동반해 나를 찾아오신 하나님의 강한 노크 소리에도 나는 일어날 줄 몰랐다.

하나님이 아닌 선장이 흔들어 깨우는 소리에 그제야 일어난 나는 이 모든 상황의 배후에 하나님이 계심을 직감했다. 그런데도 니느웨 만큼은 가기 싫었다. 죽기보다 싫었다. 하나님을 피해 숨을 곳이 있다면 배 아래보다 더 깊은 곳도 마다하고 싶지 않았다. 결국 나는 바다로 던져졌고, 그곳에서 음부를 경험하게 되었다. 하나님과 단절된 곳에서는 결코 인간이 살 수 없다는 것을 어리석게도 물고기 배 속에 들어가 보고 나서야 깨닫게 되었다.

처음엔 하나님의 얼굴을 피해 배 밑으로 숨고 그분의 얼굴을 보지 않는 상황이 행복이라 생각했다. 그런데 막상 하나님의 얼굴을 볼 수 없는 음부에 들어가 보니 죽을 것 같은 두려움에 그분을 찾게 되었다. 영원히 하나님과 단절된 음부는 정말 상상할 수 없을 만큼 괴로운 곳이었다. 어쩌면 하나님은 당신을 떠난 니느웨 영혼들의 운명이 이와 같다는 사실을 나로 하여금 몸소 경험케 하신 것이 아닐까…….

이후 나는 하나님의 은혜로 다시 숨을 쉬게 되었다. 정말 죽기보다 싫었던 니느웨! 이젠 싫어도 가야만 했다. 니느웨는 삼일 길을 돌아야 하는 큰 성읍이었지만 나는 하루만 돌았다. 그리고 하나님의 심판을 선포할 때에도 그분의 괴롭고 아픈 마음을 전혀 갖지 않았다. 단지 "40일이 지나면 너희들은 그냥 하나님의 손에 죽을 거야!"라고 말했을 뿐이다.

그런데 이게 웬일인가? 하나님을 알지도 못하는 짐승 같은 니느웨 사람들이 왕을 시작으로 백성과 가축까지 모두 금식하며 하나님 앞에 엎드리는 것이 아닌가…….

니느웨 성읍의 이러한 반응이 썩 유쾌하지만은 않았다. 그래서 나는 "하나님! 니느웨를 심판하겠다고 하신 주님의 확고한 결정에는 흔들림이 없으시기를 원합니다"라고 기도했다. 그런데 하나님은 나의 바람과 달리 그들의 죄를 사해 주셨고 예정된 재앙도 내리지 않으셨다.

나는 불쾌했고, 하나님께 분노를 쏟아 냈다. "하나님! 자꾸 이러시면 곤란합니다. 하나님의 선민인 저입니까? 아니면 짐승만도 못한 저 이방인들입니까? 둘 중 하나를 선택하십시오!"

그렇게 하나님께 한바탕 화를 낸 다음 판결을 다시 번복해 주실 것을 강력하게 요구했다. 하나님께서 나의 기도를 들으시고 소돔과 고모라처럼 니느웨를 불바다로 만들어 주실 거라 확신했다. 그러니 내가 어찌 그곳에 있을 수 있었겠는가! 나는 황급히 니느웨 성읍 동쪽으로 발을 옮겼다.

이번에도 다시스로 갈 때처럼 순조롭게 진행되는 듯했다. 내가 지은 초막에 박넝쿨이 시원한 그늘이 되어 주었기 때문이다. 고백하건대 나는 그렇게 잔인한 선지자였다. 서늘한 그늘 아래 앉아 시원한 음료수 한잔 마시며 눈앞에서 수십 만의 사람이 죽어 가는 것을 즐기려고 했던 잔인하고 악한 선지자였다.

그런데 하나님이 뜨거운 동풍과 벌레를 통해 박넝쿨을 말리시는 게 아닌가! 시원한 그늘이 되어 주었던 박넝쿨이 말라 죽어 버리자 나는 또다시 하나님을 향해 화를 냈다. 이때 하나님은 나에게 박넝쿨과 니느웨의 영혼을 비교하며 말씀하셨다. 박넝쿨은 내게 그늘이라는 행복을 안겨 주었다. 잠시나마 내게 유익이 된다는 이유로 나는 박넝쿨을 소중히 여긴 것이다. 그 박넝쿨을 얻기 위해 한 일이라곤 아무것도 없으면서 말이다. 그러나 하나님은 한 영혼을 얻기 위해 당신의 보좌를 내려놓으셨다. 모든 것을 내려놓으신 것이다. 당신의 생명을 버리시면서까지 포기할 수 없을 만큼 그분은 죄인 된 우리를 소중하게 여기셨다.

이러한 사랑 때문에 그대들과 내가 하나님의 백성이 된 것이다. 하나님은 처음부터 니느웨의 영혼들을 포기할 생각이 없으셨다. 지금 돌아보면 당시 나의 모습이 참 부끄럽기만 하다. 만일 그때 하나님께서 오랜 기다림과 친절, 그리고 성실한 사랑으로 반복된 교육을 해주지 않으셨다면 나는 어떻게 됐을까! 생각만 해도 끔찍하다.

그리고 이것은 그냥 하는 말이니 가볍게 지나치길 바란다. 요나서를 읽고 나를 좋아하는 사람이 별로 없다는 것을 잘 안다. 좋아하는 성경 인물이 누구냐고 물으면 대부분 아브라함, 다윗, 다니엘, 바울을 거론하지 나 요나는 거론된 적이 없기 때문이다. 뭐 물론 인기 없어도 상관없다. 그런데 두 가지를 기억하고 요나서를 다시 읽어 주길 바란다.

첫째 요나서에는 나의 훌륭한 점이 하나도 기록되어 있지 않다. 읽으면 읽을수록 불순종의 아이콘만 등장할 뿐이다. 믿음은 물론 사랑도 없고 잔인하기만 한 요나를 발견하게 될 것이다. 그런데 이 요나서를 기록한 사람이 바로 나다.

두 번째로 이 사실을 기억하며 요나서를 읽는다면 새로운 마음으로 접근할 수 있지 않을까라는 생각이 든다. 성령의 감동으로 요나서를 썼을 때 하나님은 내게 나의 믿음 있는 부분이 아니라 부끄럽고 수준 낮은 모습만 기록하게 하셨다. 처음에는 조금 서운하기도 했는데 지금은 너무나 감사하다. 나는 사라지고 하나님만 드러나 있기 때문이다.

나는 죽기보다 가기 싫었던 곳을 하나님과 함께 가면서 하나님께서 잃어버린 한 영혼을 찾기 위해 얼마나 오랜 시간을 기다리고 또 사랑의 수고를 하시는지 알게 되었다. 그리고 그들의 영혼을 진심으로 아끼시는 것을 보았다 "내가 너희에게 이르노니 이와 같이 죄인 한 사람이 회개하면 하늘에서는 회개할 것 없는 의인 아흔아홉으로 말미암아 기뻐하는 것보다 더하리라"_눅 15:7.

사랑하는 형제자매들이여! 잃어버린 한 영혼에 대해 하나님이 느끼시는 무게감이 피부로 와 닿는가? 하나님은 잃어버린 한 영혼에 대해 특별한 가치를 갖고 계신다.

하나님의 구원의 가치
하박국

"비록 무화과나무가 무성하지 못하며 포도나무에 열매가 없으며 감람나무에 소출이 없으며 밭에 먹을 것이 없으며 우리에 양이 없으며 외양간에 소가 없을지라도 나는 여호와로 말미암아 즐거워하며 나의 구원의 하나님으로 말미암아 기뻐하리로다"

합 3:17-18

하나님 편에 선 기도

예수님을 믿는 자들은 어떠한 모양으로든 하나님께 기도한다. 어쩌면 기도는 성도 된 우리 모두에게 있어 떼려야 뗄 수 없는 가치가 아닐까 싶다. 아쉬운 게 있다면, 우리가 하는 대부분의 기도 제목이 잠시뿐인 세상을 살아가는데 필요한 것에만 초점이 맞춰져 있을 때가 많다는 것이다. 무엇을 먹고, 무엇을 입고, 어디에서 살아야 하고, 어디에 투자하고, 어떤 학교에 가고, 어떤 일을 해야 하는지 등과 같은 제목 말이다.

물론 이러한 문제들을 가지고 하나님께 나아가 기도하는 것 역시 중요하다. 하지만 이러한 것들이 기도의 본질이 될 순 없다. 많은 성도가 자신들의 소원을 하나님께 아뢰고, 그것에 대해 'yes'라는 사인을 받으면 응답을 받았다고 이야기한다.

반대로 자기가 기대했던 상황이 이뤄지지 않으면 기도 응답을 받지 못했다고 생각한다. 그러다 하나님께 서운한 마음이 쌓이게 되면 영적 중간고사 기간에 들어가기도 한다. 내가 원하는 시간, 내가 원하는 방식대로 상황이 펼쳐지지 않을 때 우리의 마음은 낙심될 수 있다. 나 역시 그랬으니까. 그러나 하나님께 토라져 있는 시간이 길면 길수록 내 영혼에도 결코 유익이 없음을 기억해야 한다.

나는 내 민족 이스라엘을 사랑하는 선지자였다. 비록 선지자였지만 해결되지 않은 여러 의문이 있었다. 그중 하나가 바로 '하나님께서 선택한 민족이 어떻게 이방 나라에 패할 수 있으며 포로가 될 수 있을까?'였다.

가장 크고 위대한 신을 믿는 민족인 우리가 우상을 섬기는 민족에게 억압을 받는다는 것은 선지자인 나조차도 이해하기 어려웠다. 그래서 하나님께 기도했다.

"하나님, 왜 이 땅의 죄악을 간과하십니까? 왜 나로 하여금 죄악들을 보게 하십니까? 공의로우신 하나님께서 이러한 상황을 좀 정리해 주셔야 하는 거 아닙니까? 지금 제가 저 혼자 잘 살겠다고 기도하는 게 아니라 하나님의 공의와 주의 나라를 위해 부르짖고 있지 않습니까?"

하나님보다 더 공의로운 양 너무도 당돌하게 따지듯 물었다. 부당해 보이는 이 모든 상황에 대해 공의의 하나님이라고 하는 분이 방관하고 있는 듯 느꼈기 때문이다. 더군다나 우리가 어떤 민족인가? 하나님의 선민이 아닌가! 하나님을 섬기는 민족 안에 이러한 불법과 악이 관영한다는 것은 더더욱 말이 안 된다고 생각했다. 그래서 당당히 하나님께 따지듯 물었던 것이다.

그렇게 기도하고 난 후 나는 "사랑하는 하박국아! 네가 나의 공의와 나라를 위해 간구하고 있구나! 내가 너의 간구대로 이 땅에 공의를 행하고, 내가 택한 민족을 지키고 보호하겠다"라는 응답을 기대하며 하나님을 기다리고 있었다.

하지만 이러한 나의 기대는 얼마 지나지 않아 산산이 부서지고 말았다. 하나님은 회복이 아닌 심판에 대한 메시지를 주셨기 때문이다. 하나님은 갈대아 사람인 바벨론을 통해 한 가지 일을 계획하고 계심을 말씀하셨다. 그 민족이 얼마나 악하고 잔인한 민족인지 말씀하실 뿐이었다.

나는 두려웠다. 회복을 간구했는데 전혀 예상치 못한 기도 응답을 들었으니 말이다. 생각해 보라. 회복과 형통함을 위해 기도했는데 더 큰 위기와 심판의 메시지가 주어진다면 어느 누가 기도하고 싶은 마음이 들겠는가? 기도하면 할수록 내가 기대했던 상황과 멀어진다면 오히려 기도하는 것이 두렵고 하나님의 말씀에 귀를 막고 싶어지지 않을까? 그때 내가 그랬다.

그렇게 당당하게 하나님께 간구했던 나는 경외심을 가지고 하나님께 나아가 다시 한번 기도했다. 혹시나 하나님께서 잘못 말씀하신 게 아닐까? 하는 마음과 그것도 아니면 실수가 없으신 하나님께서 이번만큼은 잘못 말씀하신 거라면 얼마나 좋을까? 하는 바람을 가지고 엎드렸다.

"하나님, 아니지요? 바벨론을 주의 심판의 도구로 택하셨다는 말씀은 사실이 아니지요? 하나님, 그들이 어떤 존재인지 주님이 더 잘 아시지 않습니까? 악인이 의인을 집어삼키는 것을 허용하시는 것은 옳지 않습니다. 그들은 사람을 바다의 고기처럼 취급하고 그물로 잡아먹는 자들입니다. 사람을 인격으로 보지도 않고 귀하게 여기지도 않는 민족입니다. 그런데 어떻게 그들을 주님의 심판 도구로 사용하시겠다는 말씀입니까? 정녕 주님의 백성을 외면하시겠다는 겁니까?"

나는 절규했다. 제발 하나님께서 이 모든 상황을 다시 바꿔 주시길 간절히 기도할 수밖에 없었다. 이해하기 힘든 상황에서 하나님의 대답이 궁금했다. 그래서 조용히 하나님을 기다렸다.

하나님은 기다리던 내게 악하고 음란한 바벨론 역시 심판하시겠다고 말씀하셨다. 그들이 스스로 자초한 죄악으로 인해 멸망하게 될 거라고 말씀하신 것이다. 이방인이 멸망 당하는 거야 당연하겠지만, 그래도 선민인 이스라엘이 그들에게 짓밟히는 것은 이해되지 않았다. 아마도 내 안에 '그래도 우리는 그들보다 더 나은 민족인데'라는 영적 우월감이 강하게 자리 잡고 있었기 때문일 것이다.

결국, 나의 기도는 아무런 변화를 가져오지 못했다. 그리고 달라진 것 역시 아무것도 없었다. 하나님의 심판은 예정대로 진행

되고 있었다.

차츰차츰 무화과나무의 싹이 트지 않았고 포도나무에 열매도 사라져갔다. 올리브 나무에서 수확할 것도 줄어들고 이제 더 이상 논밭도 곡식을 내지 않았다. 우리 안에 양 떼도 외양간의 소도 텅 비어 갔다. 모든 희망이 사라지는 절망적인 상황에서 하나님은 내게 다가와 이렇게 말씀하셨다.

"정한 때에 이 모든 일이 다 이뤄질 것이다. 다 이해할 수 없겠지만 그럼에도 의인은 그의 믿음으로 살게 될 것이다."

분명 내가 원하는 방식의 기도 응답은 이뤄지지 않았다. 상황 역시 전혀 바뀌지 않았다. 그럼에도 하나님이 가장 공의로운 분이시고 지혜로운 분이시며 가장 선하신 분이라는 믿음은 변함이 없다.

이후 나는 내 삶에 아무런 변화가 일어나지 않아도 여전히 하나님 곁에 머물며 기도하는 자로 살았다. 나를 구원하신 그 은혜의 무게가 얼마나 큰지 알게 되었기 때문이다. 어떤 상황에도 여전히 하나님을 향한 믿음을 가지고 사는 것! 이것은 정말 아름다운 것이다.

가끔 사람들이 이런 질문을 하는 것을 들었다. "왜 이 땅에 악이 존재하는가?" 아담이 범죄할 때 우리가 몸담고 살아가는 지금이 세상에 죄와 죽음의 저주가 들어오게 되었다. 우리가 겪는 모든 부당한 일은 하나님 때문이 아니라, 죄와 죽음이라는 저주가 들어 올 수 있도록 문을 활짝 열어 준 우리의 어리석음 때문이다.

이 땅에서 일어나는 수많은 고통과 저주의 근본 원인은 바로 이러한 죄에 있는 것이다. 비록 우리가 구원받아 하나님의 자녀가 되었다 해도 우리는 여전히 죄의 흔적이 가득한 세상에 발을 딛고 살아가게 된다. 죄의 뿌리에서 파생된 이해할 수 없는 수많은 고통과 저주 난무한 세상과 70~80년은 함께 동거하게 되는 것이다.

하나님은 죄로 인해 망가져 버린 이 세상을 예수 그리스도가 오시는 그날 심판하고 새로운 하늘과 새 땅으로 재창조하실 것이다. 비록 우리가 구원받아 새로운 피조물이 되었다 해도 아직 그 날은 오지 않았다.

주님이 오셔서 새 하늘과 새 땅을 창조하기 전까지 우리는 여전히 악과 고통이 존재하는 곳에서 살게 되는 것이다. 그러니까 "왜 이 땅에 악이 존재하는가?"라는 질문은 애시당초 틀린 질문이다.

아담이 범죄하여 죄와 죽음의 저주가 들어와 활개를 치고 있는 세상이기 때문에 고통과 악이 존재하는 것은 당연하다. 우리 주님이 새롭게 창조하실 그곳에는 죄와 사망은 없다. 희락만 있는 곳이다. 그러나 우리가 잠시 발을 딛고 살아가는 이 세상은 아담이 물려준 세상이다. 죄로 인해 망가져 버린 세상이라는 뜻이다. 이러한 절망적인 세상 속에서 우리 모두에게 유일한 소망이 있다면, 그것은 하나님의 구원의 은혜이다. 그리고 하나님께서 약속하신 온전한 구원의 날을 끝까지 믿는 믿음뿐이다.

여러 질문 속에서 힘들어하고 있는 나에게 다가오신 하나님은 "의인은 믿음으로 살리라" 말씀하셨다. 이해되지 않은 상황들, 불공정해 보이는 상황들 속에서도 우리를 향한 하나님의 약속의 말씀에 대한 믿음은 흔들림이 없어야 한다.

아무리 구원받은 하나님의 자녀라 해도 아담이 범죄하여 죄로 인해 망가져 버린 세상을 살아가는 동안 아픔과 고통과 불의의 사고에 있어 예외일 수 없다. 그럼에도 우리는 하나님을 향한 믿음의 끈을 놓아서는 안 된다. 그 어떤 고통과 저주도 하나님의 선하심을 믿는 믿음과 그분이 베푸신 구원의 은혜보다 더 가치 있을 순 없기 때문이다.

예수님의 초대장이 주는 가치
족보

"아브라함과 다윗의 자손 예수 그리스도의 계보라 야곱은 마리아의 남편 요셉을 낳았으니 마리아에게서 그리스도라 칭하는 예수가 나시니라 그런즉 모든 대 수가 아브라함부터 다윗까지 열네 대요 다윗부터 바벨론으로 사로잡혀 갈 때까지 열네 대요 바벨론으로 사로잡혀 간 후부터 그리스도까지 열네 대더라"

마 1:1, 16-17

'누구라도 오시오.' 예수 그리스도의 가치

나는 사람이 아니다. 예전에 〈개그콘서트〉라는 TV 프로그램에 '나는 사람이 아니무니이다'라는 유행어가 있었던 것으로 기억한다. 어찌 되었건 나는 사람이 아니라 족보다. 마태복음은 율법의 시대가 끝나고 복음이 시작되는 장면을 기록한 첫 복음서이다. 그런데 우리를 자유케 하는 복음의 시작이 지루해 보이는 족보 이야기로 시작해서 당황한 이들이 있지 않을까 싶다. 익숙한 이름도 있지만 낯선 이름들로 나열된 족보는 읽는 이들을 지루하게 만들기 때문이다. 하지만 여러 믿음의 사람이 했던 간증에 용기를 얻어 이 땅을 살아가는 상처 받은 많은 영혼에게 한마디 하고 싶어 나왔다.

유대인 만큼 족보를 중요하게 여기는 이들도 없을 것이다. 신약 시대 당시 많은 이가 이 족보 때문에 여러 가지 어려움을 겪었다. 비록 제사장이라 해도 족보에 문제가 있으면 제사장직을 박탈당하기도 했다. 그래서 당시에 돈 있는 사람들은 자신의 족보를 세탁하는 일도 비일비재했다. 왜냐하면 가문이 순수하지 못하다거나 조상 중에 창녀나 이방인과 피가 섞인 경우가 있다면 그야말로 큰일이기 때문이다.

그러나 이러한 유대인의 성향을 잘 알고 있음에도 마태는 예수님의 족보를 여과 없이 기록했다. 유대인이 그토록 기다린 메시야의 족보를 기록하면서 이것을 읽을 당사자들의 심기를 상당히 불편하게 만들고 있는 셈이다. 왜냐하면, 그들의 메시야라고 하는 예수님의 족보가 말 그대로 깨끗하지 않기 때문이다.

물론 마태는 족보를 통해 예수님이 구약에 예언된 다윗의 혈통으로 오신 메시아임을 밝히고자 했을 것이다. 그래서 구약 성경을 잘 알고 있는 유대인 공동체가 예수님이 구약에 예언된 그리스도임을 믿도록 하고 싶었을 것이다.

하지만 예수님의 족보를 보면, 여성들의 이름이 등장한다. 족보에 여성의 이름이 등장하는 것 자체만으로도 파격적이지 않을 수 없다. 그런데 그보다 더 큰 문제는 예수님의 족보에 올라가 있는 여성 중에는 창녀도 있고 이방인도 있다는 사실이다.

그뿐 아니다. 예수님의 족보를 보면, 자기 살자고 아내를 팔았던 자, 나만 복 받으면 된다고 여겨 아버지와 형을 속였던 자도 있다. 며느리와 실수로 잠을 자고 자식을 낳은 자도 있고, 이방 여인에게서 태어난 아들 보아스도 있다.

이게 끝이 아니다. 충신의 아내를 순간의 욕정을 채우기 위해 범했던 왕, 다른 이방 여인을 사랑하여 하나님을 떠났던 왕

등……. 족보에 등장하는 자들의 이력을 들여다보면 구정물과 비교할 수 없을 정도로 더러운 냄새로 가득하다. 그런데 이것이 바로 메시아라 불리는 예수님의 족보이다.

그렇다면 왜 마태는 유대인의 심기를 불편하게 하면서까지 예수님의 족보에 이러한 자들의 이름을 거론한 걸까? 이유는 간단하다. 첫째는 사실이기 때문이다. 피하고 싶고 또 아니었으면 좋겠지만 사실인 걸 어찌하겠는가. 다윗의 후손으로 오셔서 인류를 구원하겠다고 하신 예수님의 족보에 거론된 육신의 조상들 이름과 그들의 행적은 유대인의 기대와 달리 모두 사실이다. 왜냐하면, 성경이 그것을 증언하고 있기 때문이다.

마태가 부정해 보이는 자들의 이름을 예수님의 족보에 가감 없이 기록한 두 번째 이유는 세상을 끌어안고자 하시는 하나님의 사랑 때문이다. 예수님의 족보는 세상의 관점으로 보면 어떤 비누로 세탁한다 해도 지워지지 않을 만큼 죄인들의 냄새로 가득한 게 사실이다 "주 여호와의 말씀이니라 네가 잿물로 스스로 씻으며 네가 많은 비누를 쓸지라도 네 죄악이 내 앞에 그대로 있으리니"_렘 2:22. 하지만 하나님은 이렇게 냄새나는 인간을 예수님의 가족 공동체 안으로 집어넣어 주셨다. 예수님의 족보에 등장하는 인물들을 보면 세상을 살아가는 인간이 지을 수 있는 죄는 다 들어 있는 느낌이다. 그렇다. 예수님은 그렇게 냄새나는 인간의 모든 죄를 당신의 육체 안에 담아내길 원하셨다. 아무리 캐고 또 캐내어도 새로운 것이 없는 절망적이고 악취가 나는 모든 인간을 새롭게 하여 당신의 가족 구성원으로 삼고자 하셨던 것이다.

그리고 세상을 향해 이렇게 선언하시고 있는 듯하다. "누구든 오라! 어떤 죄를 지은 자이든, 어떤 연약함을 가지고 있든, 어떤 과거의 아픔과 상처, 그리고 감추고 싶은 수치가 있든 관계없다. 누구든지 그냥 내게 오면 된다"라고 말이다.

한마디로 그분은 족보를 통해 죄악으로 얼룩지고 죽음의 냄새로 가득한 세상을 향해 초대장을 보내신 것이다. 상처받고 수치로 발가벗겨진 죄인 된 우리에게 생명의 초대장을 보내신 것이다. 그래서 예수님의 족보는 우리에게 자신감을 준다.

"뭐야, 저 사람도 예수님의 가족 공동체 안에 들어와 있다고? 저런 사람도 예수님의 가족 구성원이 될 수 있다고? 그렇다면 혹시 나도 가능하지 않을까…… 숨기고 싶은 수치와 과거가 많은 나인데…… 아픔과 고통이 많은 나도 가능하지 않을까?"

이러한 물음에 예수님은 족보인 나를 통해 "물론이다. 너는 내 가족 구성원이 될 수 있다"라고 말씀하신다. 예수님은 우리의 모든 죄를 씻어 주시고 새롭게 하시는 분이시다. 그러니까 복음서를 시작하면서 가장 먼저 기록된 나는 족보가 아니라 복음의 초대장인 셈이다.

나는 사람이 아니다. 있는 그대로의 사실을 정직하게 기록한 족보이다. 역사 속에서 나 역시 많이 의아해했다. '하나님은 왜 이런 자들을 예수님의 족보에 기록하셨을까? 이런 사람들이 거론되면 많은 이가 예수님을 메시아로 믿는 데 오히려 걸림돌이 되지 않을까?'라는 생각도 해보았다.

하지만 나는 알고 있다. 하나님은 그대들과 같은 냄새나는 인간을 깨끗하게 씻어 당신의 자녀요 가족으로 삼고 싶어 하셨다는 사실을 말이다. 그리고 자신의 연약함과 죄악 때문에 망설이고 있는 자들에게 누구든지 오면 된다고 말씀해 주고 싶으셨던 것이다.

예수님의 족보인 나는 냄새나는 자들의 이름과 그 사람들의 수많은 죄의 악취로 가득하다. 하지만 이 땅의 모든 영혼을 담아내고 있기도 하다. 더는 과거의 아픔, 그리고 수치에 사로잡히지 않길 바란다. 예수님의 족보인 나를 보라! 그분의 초대장을 보라! 모든 사람을 생명으로 초대하고 있는 초대장 말이다.

나는 예수님의 족보이다. 나는 예수님의 초대장이다. 난 그대들의 이름이 계속해서 내 안에 기록되었으면 좋겠다. 세상이 끝날 때까지 나의 사명은 끝나지 않는다. 나는 계속해서 주님의 손에 의해 쓰여지고 있다. 예수님께로 향해 내딛는 당신의 발걸음에 내가 조금이나마 힘이 되었으면 좋겠다.

그대들을 응원한다.

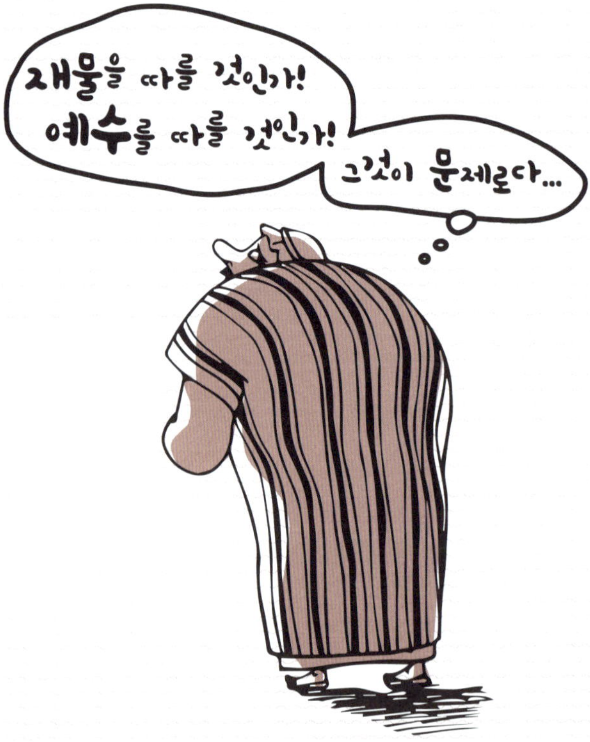

재물을 따를 것인가!
예수를 따를 것인가!
그것이 문제로다...

전심이라는 가치
부자 청년

"그 청년이 이르되 이 모든 것을 내가 지키었사온대 아직도 무엇이 부족하니이까 예수께서 이르시되 네가 온전하고자 할진대 가서 네 소유를 팔아 가난한 자들에게 주라 그리하면 하늘에서 보화가 네게 있으리라 그리고 와서 나를 따르라 하시니 그 청년이 재물이 많으므로 이 말씀을 듣고 근심하며 가니라"

마 19:20-22

인생의 공허함과 직면하다

지성이면 감천이라고 했다. 정성을 다해 신앙생활을 하는 것은 중요하다. 그럼에도 신앙은 정성보다 전심이 더 중요하다. 나는 이 사실을 예수님을 만나면서 뼈저리게 느꼈다.

나는 뭐 하나 부족한 것 없이 살아왔다. 젊은 나이에 남 부러울 것 없는 부자였기 때문이다. 그럼에도 불구하고 내 마음의 공허함은 사라지지 않았다. 맛있는 음식을 먹어도 뭔가 모를 허기를 느꼈고, 더 많은 것을 가져 봐도 채워지지 않는 무언가로 인해 힘든 시간을 보내고 있었다.

'수많은 재물이 나의 생명을 보장해 주지는 않잖아! 생명이 없는 행복이 존재할까? 살아 있을 때야 내가 가진 것을 누릴 수 있겠지만, 죽으면 이 모든 행복과 지금 내가 누리고 있는 것들도 사라지는 건 아닐까? 그렇다면 영원한 생명은 어떤 것일까?' 나는 자연스레 영원한 생명에 대해 고민하게 되었다.

해답을 알 수 없는 반복된 질문이 떠오를 때면 '편하게 살면 되지 않을까? 뭣 하러 이렇게 고리타분한 생각들을 하는 거지?'라고 쉽게 치부해 버리고도 싶었다. 하지만 나는 계속되는 질문 앞에 서 있는 나 자신에게 정직하고 싶었다. 나의 내면에 분명하게 일어나고 있는 갈등을 애써 외면하고 또 스스로 속이면서까지 살고 싶지 않았기 때문이다.

나는 유대인이었기에 율법의 말씀도 나름 잘 지키며 살아왔다고 자부했다. 그런데도 이러한 고민과 끝나지 않은 갈등 앞에 매일매일 힘겨운 시간을 보내야만 했다. 고심 끝에 하나님의 아들이라고 말하며 천국 복음을 선포한다는 예수님을 만나야겠다고 생각했다. 왜냐하면, 그분은 자신을 믿으면 영원한 생명을 얻는다고 말씀하셨기 때문이다.

전심에서 진심으로

그토록 고대하던 예수님을 만날 수 있는 행운을 갖게 되었다. 나는 그분 앞에서 영원한 생명을 얻으려면 어떻게 해야 하는지 물었다. 하나님의 계명을 지키라고 말씀하시는 예수님에게 어렸을 때부터 철저히 모든 계명을 지켜 왔다고 대답했다. 솔직히 나는 누군가에게 피해 주지 않고 나름대로 착실하고 성실하게 살아왔다고 자부한다.

이런 생각을 하고 있는데 갑자기 예수님께서 "네게 있는 것을 다 팔아 가난한 자들에게 나눠 주고 그다음 나를 따르라"고 하섰다. 나는 예수님의 그 요구가 불쾌했고 또 불편했다. '왜 내게 있는 것을 다 팔라고 하시는 거지? 내가 어떻게 해서 얻은 재물인데…… 그리고 예수님이 무슨 자격으로 그렇게 말씀하시는 거지?' 순간 여러 생각이 나를 혼란스럽게 했다.

나는 근심했다. 그 순간 난 참 신기한 경험을 했다. 내가 가지고 있는 재물이 내게 말을 걸어오는 소리가 들리는 것이 아닌가. 재물은 내게 이렇게 말했다. "네가 나를 두고 어딜 간단 말이니? 네가 나 없이 세상에서 존경받고 편안하고 안락한 삶을 누릴 수 있을 거라고 생각하니? 지금껏 네가 누렸던 모든 것이 누구 때문에 가능했던 거 같니? 그런데 예수라는 자의 말 한마디에 나와 결별할 생각을 해?"

그 순간 나는 내 삶이 철저히 재물에 지배받고 있다는 사실을 인정하지 않을 수 없었다.

어쩌면 내가 예수님께 영원한 생명을 요구한 것도 계속해서 더 많은 재물을 누리고 싶었기 때문이었는지도 모른다. 영원한 생명을 가져야 내가 가지고 있는 것들을 계속해서 누릴 수 있다고 생각했기 때문이다. 그만큼 나는 재물의 노예로 살아왔던 것이다. 이런 내게 예수님은 삶의 주인을 바꾸라는 메시지를 던지신 것이다. 그런데 나는 두려웠다. 왜냐하면 지금껏 쌓아 올렸던 모든 것이 한순간 물거품처럼 사라져 버릴 것만 같았기 때문이다.

진심眞心에서 전심全心으로

나는 진심을 다해 예수님을 찾았고 그분 앞에 나왔다. 적어도 예수님께 나온 나의 마음만큼은 진심이었다. 그런데 예수님은 내게 진심을 뛰어넘어 전심을 요구하고 계셨다. 때로 진심은 예수님께 나오게 만들어 주기도 한다. 그러나 전심이 없인 결코 예수님을 따를 수는 없다. 나는 고민과 근심을 반복하다 결국 예수님을 뒤로하고 떠난 부자 청년이다.

성경은 이후 내가 어떻게 되었는지 언급하고 있지 않다. 진심을 다해 예수님께 나왔고, 영생이신 그분을 뒤로하고 떠난 것까지만 기록하고 있기 때문이다. 나는 성경이 여기까지만 기록한 것을 가지고 그대들에게 교훈하고 싶다.

진심을 다해 예수님을 찾고 있는가? 또 진심을 다해서 그분 앞에 나왔는가? 이제 전심을 그분께 드려야 한다. 전심을 다해서 주님을 따라야 하는 것이다. 진심을 가지고 나왔다면 전심으로 옮겨지는 믿음을 추구하라.

혹 나처럼 영원한 분을 뒤로하고 돌아섰다면 발걸음을 멈추고 스스로 질문해 보라.

'넌 무엇 때문에 예수님께 온 거니? 고작 잠시 이 땅에서 살다가 썩어 없어질 재물을 좀 더 많이 얻기 위해서 그토록 애타게 찾았던 거니? 아니면 이 땅엔 없는 영원한 하나님의 나라를 선물로 받고 싶어서 그분을 찾아온 거니?'라고 말이다.

나의 진정성 있는 마음도 몰라 주신다고 서운해하며 돌아서지 않길 바란다. 가던 길을 멈추고 다시 주님께 그대들의 발걸음을 옮겼으면 좋겠다. 진실된 마음 위에 전심이라는 가치를 더해서 말이다.

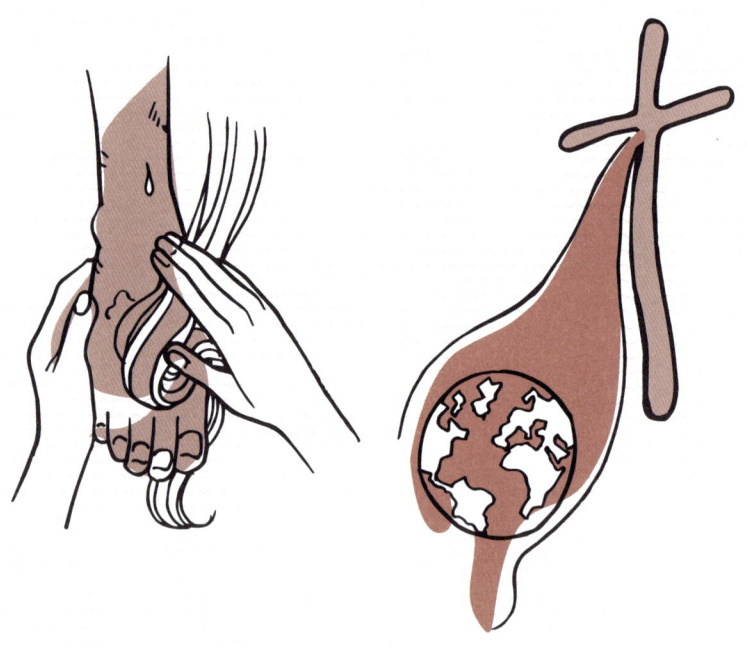

하나님의 옥합의 가치
마리아

"예수께서 베다니 나병환자 시몬의 집에 계실 때에 한 여자가 매우 귀한 향유 한 옥합을 가지고 나아와서 식사하시는 예수의 머리에 부으니……이 여자가 내 몸에 이 향유를 부은 것은 내 장례를 위하여 함이니라 내가 진실로 너희에게 이르노니 온 천하에 어디서든지 이 복음이 전파되는 곳에서는 이 여자가 행한 일도 말하여 그를 기억하리라 하시니라"

마 26:6-7, 12-13

나의 모든 것을 쏟아부었던 밤

 아마 교회마다 헌신 예배를 드릴 때 가장 많이 언급되는 이야기 중 하나는 예수님께 향유 옥합을 부었던 나의 이야기가 아닐까 싶다. 사람들은 나를 거부했다. 그리고 부정한 여자로 취급했다. 오직 예수님만이 나를 사랑의 눈빛으로 바라봐 준 유일한 분이셨다. 그분으로 인해 나는 새로운 삶을 살게 되었다.

 하루는 예수님이 나병 환자였다가 회복된 시몬의 집에 계신다는 이야기를 들었다. 나병 환자 역시 나와 같이 부정한 자로 여김을 받던 자가 아닌가! 그렇게 부정한 사람의 집에 정결한 우리 주님이 함께 계셨던 것이다. 나는 그곳에 계신 예수님을 찾아갔다. 그리고 악착같이 하루하루를 살면서 모아 두었던 생명과 같은 향유 옥합을 주님께 쏟아부었다. 나의 모든 것을 예수님께 쏟아부은 것이다.

 사람들은 이런 나의 행동을 쓸데없는 낭비라고 여겼다. 제자들 역시 나를 부정한 자로 보면서도 내가 쏟아부었던 향유에 대한 계산은 빨랐다. 그들에게도 나의 이런 행동은 낭비로 보였던 것이다. 하지만 나는 하나도 아깝지 않았다. 적어도 내게 있어 예수님은 값을 매길 수 없는 분이셨고, 내 삶의 우선순위가 아니라 전부였기 때문이다. 만일 내게 향유 옥합이 더 있었다면 나는 그것까지도 기꺼이 주님께 쏟아부었을 것이다.

내가 쏟아부은 향유 냄새가 나병 환자였던 시몬의 집에 가득하게 되었다. 이제 시몬의 집은 나병의 냄새가 아니라 향유 냄새로 꽉 찼다.

안타까운 것은 그때나 지금이나 많은 이가 나의 이야기를 통해 옥합에만 집중한다는 사실이다. 나 역시 처음에는 예수님을 향한 나의 사랑을 성경을 접하는 이들로 하여금 본받도록 하기 위해 하나님께서 기록하신 것인 줄 알았다. 하지만 예수님을 향한 나의 사랑보다 우리를 향한 예수님의 사랑을 보여 주기 위해 기록하신 것이라는 사실을 뒤늦게야 비로소 깨닫게 되었다.

하나님은 내가 쏟아부었던 향유 냄새로 가득한 나병 환자 시몬의 집 한가운데 계신 분에게 나의 시선을 고정시키셨다. 그리고 그 순간 내게 한 가지 놀라운 장면을 보게 하셨다. 시몬의 집에서 내가 쏟아부었던 향유 옥합이 아니라, 하나님께서 우리의 죄를 사하시기 위해 깨뜨리실 하나님의 옥합을 보게 하신 것이다. 그분은 바로 '예수 그리스도'다. 내 앞에 계신 예수님은 나와 같은 부정한 죄인들을 위해 하나님께서 친히 준비하신 하나뿐인 당신의 옥합이었다.

처음에 나는 내게 있는 향유 옥합을 아낌없이 그분께 쏟아부었다고 생각했는데 하나님께서 나보다 먼저 당신의 하나뿐인 독생자라는 옥합을 준비하셨음을 보게 하신 것이다. 그리고 이후 하나님은 당신의 하나뿐인 독생자라는 옥합을 우리를 위해 아낌없이 깨뜨리셨다. 바로 십자가에서 말이다.

십자가에 서서 산산조각 깨뜨려진 예수님의 몸에서 세상을 정결케 하는 생명의 향유가 흘러나오기 시작했다"그 중 한 군인이 창으로 옆구리를 찌르니 곧 피와 물이 나오더라"_요 19:34.

예수님의 몸에서 흘러나온 물과 피는 온 세상을 덮었다. 그리고 죄와 죽음의 냄새로 가득한 세상을 생명의 냄새로 가득 채우셨다.

나는 내가 쏟아부은 향유의 냄새가 진동하는 시몬의 집에서 하나님의 옥합에서 퍼져나오는 향기를 맡을 수 있었다. 나병 환자였던 시몬의 집과 범죄한 세상은 똑같이 부정한 곳이 아닌가! 그런데 예수님은 죽음의 냄새가 가득한 세상 안으로 친히 들어오셨다. 부정한 시몬의 집안으로 들어오셨던 것처럼 말이다.

하나님은 내가 옥합을 쏟아부었을 때 세상을 구원하기 위해 하나님께서 친히 준비하신 당신의 옥합이 바로 내 눈앞에 계신 예수님이심을 깨닫게 해주셨다. 그리고 하나님의 옥합인 예수 그리스도로 인해 죄와 죽음으로 가득한 세상이 생명의 향기로 가득하게 될 것을 알게 해주셨다.

"항상 우리를 그리스도 안에서 이기게 하시고 우리로 말미암아 각처에서 그리스도를 아는 냄새를 나타내시는 하나님께 감사하노라 우리는 구원 받는 자들에게나 망하는 자들에게나 하나님 앞에서 그리스도의 향기니 이 사람에게는 사망으로부터 사망에 이르는 냄새요 저 사람에게는 생명으로부터 생명에 이르는 냄새라 누가 이 일을 감당하리요"_고후 2:14-16

나는 더는 향유 옥합의 이야기를 통해 마리아라는 내 이름이 성도들에게 회자되길 원치 않는다. 내가 바라는 건 성도들이 나처럼 아낌없이 주님께 모든 것을 쏟아부을 때 나보다 먼저 당신의 모든 것을 쏟아부으신 하나님의 옥합인 예수님을 발견할 수 있기를 바랄 뿐이다. 마리아의 향유 옥합이 아닌 하나님의 옥합에 집중했으면 좋겠다. 이 사건 이후 예수님은 복음이 전파되는 곳마다 내가 행한 일도 말하여 기억하라고 하셨다. 예수님의 생명의 복음이 전파되는 현장에 내가 했던 일이 함께 기억된다는 것이 얼마나 영광스러운지 모르겠다. 하지만 나는 알고 있다. 복음으로 충분하다는 것을 말이다.

예수님께서 복음만으로 충분한데도 불구하고 내가 했던 일도 "말하여 기억하라"고 하신 것은 그 일이 하나님께서 나에게 그리고 우리 모두에게 행하신 일, 다시 말해 복음을 기억나게 하는 역할을 하게 될 것이기 때문이다. 예수님을 향한 나의 작은 사랑이 하나님께서 세상을 위해 준비하신 당신의 옥합을 기억나게 한다는 사실이 얼마나 감사한지 모르겠다.

세상이 우리를 볼 때 예수님이 생각난다면 얼마나 좋을까! 나의 향유 옥합을 보면서 하나님의 옥합이 떠오르고, 내가 주님께 쏟아부었던 사랑을 보면서 하나님께서 세상을 향해 쏟아부었던 십자가의 사랑을 떠올릴 수 있다면 얼마나 좋을까!

사랑하는 나의 형제자매들이여! 그렇게 예수님을 생각나게 해주는 가치 있는 인생이 될 수 있길 바란다.

예수님의 흔적의 가치
바울

"그러나 내게는 우리 주 예수 그리스도의 십자가 외에 결코 자랑할 것이 없으니 그리스도로 말미암아 세상이 나를 대하여 십자가에 못 박히고 내가 또한 세상을 대하여 그러하니라 할례나 무할례가 아무 것도 아니로되 오직 새로 지으심을 받는 것만이 중요하니라 무릇 이 규례를 행하는 자에게와 하나님의 이스라엘에게 평강과 긍휼이 있을지어다 이 후로는 누구든지 나를 괴롭게 하지 말라 내가 내 몸에 예수의 흔적을 지니고 있노라"

갈 6:14-17

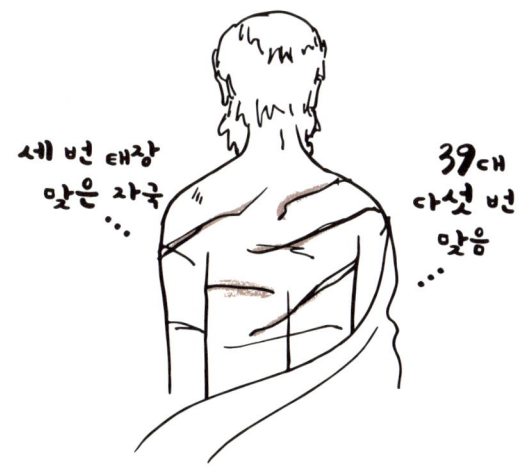

복음의 흔적이 있는가

내 몸에는 복음으로 인한 흔적이 가득하다. 다메섹에서 예수님을 만난 이후 나의 삶은 완전히 달라졌다. 예수님과 인격적인 만남이 이뤄지게 되면 그분이 누구이신지 그리고 내가 누구인지 알게 된다. 또한 내가 해야 할 것이 무엇인지 비로소 깨닫게 된다 "내가 대답하되 주님 누구시니이까 하니 이르시되 나는 네가 박해하는 나사렛 예수라 하시더라 나와 함께 있는 사람들이 빛은 보면서도 나에게 말씀하시는 이의 소리는 듣지 못하더라 내가 이르되 주님 무엇을 하리이까"_행 22:8~10a.

그렇게 나는 복음에 사로잡힌 자가 되었고 누구보다 복음을 위해 수고하며 달려왔다. 시간이 조금씩 흐르면서 어느덧 내 몸에 복음으로 인한 흔적이 하나둘 생겨나게 되었다. 이것들을 볼 때면 얼마나 감사한 마음이 드는지 모르겠다. 깨끗한 몸이 아니라 예수님의 흔적이 가득한 나의 육체는 나에게는 보물과도 같았다.

나는 주님이 부르시는 그날까지 달리고 또 달리는 인생을 살았다. 그런데 지금을 사는 성도들에게 묻고 싶다. 그대들은 지금 달리고 있는가? 그대들의 삶에는 예수님의 흔적들로 가득한가?

장차 주님 앞에 서게 되는 그날을 상상해 보라. 예수님께서 나를 안고 누더기와 같은 옷을 벗기며 영광의 옷을 입혀 주실 그날을 말이다.

그런데 우리 주님이 영광의 옷을 입혀 주려고 누더기 옷을 벗기실 때 그대의 몸이 아기 피부처럼 깨끗하다면 그것만큼 부끄러운 상황이 또 있을까? 적어도 예수님 때문에 받은 불이익과 고난, 오해 그리고 핍박이라는 흔적들을 가득 안고 우리 주님을 만나야 하지 않을까?

이 땅을 살아가는 성도들은 고난을 싫어하는 것 같다. 그것이 복음으로 인한 고난이든 관계없이 일단 거부하는 이들이 있다. 평안할 때는 하나님을 예배하지만 고난을 만날 때 그분을 여전히 예배하는 자는 많지 않다.

그런데 나의 형제자매들이여! 혹시 그대들은 알고 있는가? 땅에 있는 성도와 하늘에 있는 성도의 차이를 말이다. 하늘에 있는 성도들은 눈물과 슬픔, 고통 없이 기쁨과 환희 속에서 하나님을 예배한다.

하지만 이 땅에 있는 자들은 눈물과 아픔, 슬픔과 이해할 수 없는 고통의 상황에서 하나님을 예배한다. 조금 다른 환경에서 예배할 뿐 둘 다 영광스러운 예배인 것이다. 그럼에도 이 땅에서의 예배는 특별하다고 말하고 싶다. 왜냐하면, 영원한 하나님 나라에 있는 성도들은 더는 경험할 수 없는 예배이기 때문이다.

고통과 슬픔, 전혀 이해할 수 없는 상황 속에서도 "하나님은 내게 선하신 분이십니다. 하나님은 여전히 나를 가장 사랑하시는 아버지이십니다"라고 고백할 수 있는 시간은 길어야 70~80년뿐이다.

머잖아 우리는 모두 영원한 기쁨 속에서 하나님을 찬양하고 예배하게 될 것이다. 그러나 그때가 되면 드리고 싶어도 드릴 수 없는 예배가 있다. 바로 고통과 슬픔이 가득한 현장에서 드리는 예배이다. 이 특별한 시간은 그리 길지 않다. 이런 측면에서 보면 주님과 함께 거친 풍파도 지나가 보고, 주님과 함께 사망의 음침한 골짜기도 지나가 볼 수 있는 시간은 이 땅에서만 누릴 수 있는 가치가 아닐 수 없다. 그리고 이 땅에서 드리는 예배는 우리에게 그리스도의 흔적을 새겨 주기도 한다.

나는 사랑하는 나의 지체들에게 예수님으로 인해 주어지는 고난과 불이익을 싫어하지 말라고 도전하고 싶다. 애매한 상황 속에서도 여전히 하나님을 예배하는 특권을 빼앗기지 않길 바란다.

그 짧은 시간을 낭비하지 마라. 그리고 부디 나 바울과 같이 머리부터 발끝까지 예수님의 흔적만 가득 안고 우리 주님 앞에 서길 바란다.

예수님의 흔적을 지니는 것보다 더 큰 가치는 없다.

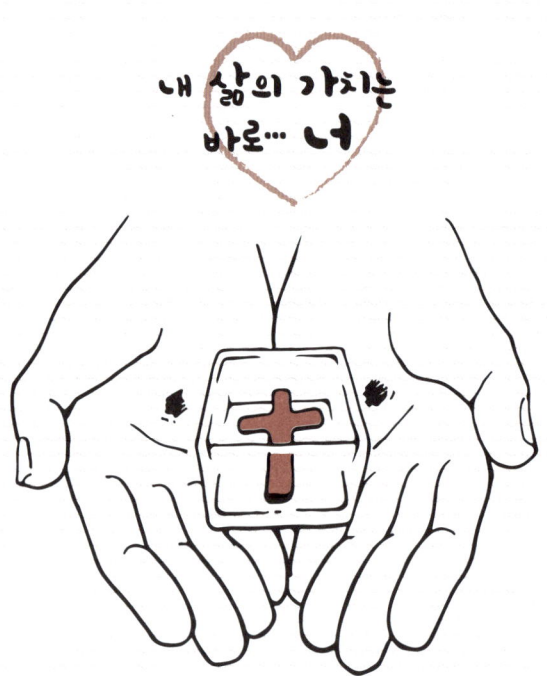

예수님의 가치
예수님

"이르되 성전을 헐고 사흘에 짓는 자여 네가 만일 하나님의 아들이어든 자기를 구원하고 십자가에서 내려오라 하며 그와 같이 대제사장들도 서기관들과 장로들과 함께 희롱하여 이르되 그가 남은 구원하였으되 자기는 구원할 수 없도다 그가 이스라엘의 왕이로다 지금 십자가에서 내려올지어다 그리하면 우리가 믿겠노라 그가 하나님을 신뢰하니 하나님이 원하시면 이제 그를 구원하실지라 그의 말이 나는 하나님의 아들이라 하였도다 하며"

마 27:40-43

고통 속에서 서서히 죽어 가는 내게 여러 소리가 들린다

"네가 하나님의 아들이라고? 네가 만일 하나님의 아들이라면 너 자신부터 구원하고 십자가에서 내려와 봐라."

숨 막히는 고통 속에서 신음하고 있을 때 내 손으로 창조한 이들이 내게 한 말이었다.

"내려와 보라."

하지만 내가 한 다짐을 누구도 꺾을 순 없었다. '내려가지 않겠다. 절대 내려가지 않겠다.'

사랑하여 내 곁에 두기로 결정했던 나의 사랑이 내게서 떨어져 나갔을 때부터 하나님인 나는 고통이라는 낯선 경험을 하게 되었다. 어쩌면 나는 너희를 내 곁에 두기로 작정했을 때부터 너희 때문에 겪게 될 모든 고통을 각오했었는지도 모른다.

어떤 이는 "왜 하나님이 인간을 창조해서 이런 생고생을 하느냐"라고 말한다. 하지만 나는 너희를 사랑하기로 선택했다. 그리고 너희를 사랑하기로 한 나의 선택을 단 한 번도 후회한 적이 없다. 그것은 온전히 하나님인 나의 선택이었기 때문이다. 내 마음속에 그리던 너희를 내 곁에 두기로 작정했을 때 나는 이미 너희를 위해 모든 것을 건 사랑을 하기로 결정한 것이다.

너희와 나의 사랑의 시간이 어느 정도 흘렀을까? 내가 너희에게 주었던 생명의 자리에 너희가 보이지 않았을 때 마음이 너무나 아팠다. 그때 너희는 두렵고 부끄럽고 또 괴로웠겠지…… 이제 불 칼로 막혀진 에덴의 풍성함을 더는 누리지 못할 거라는 생각에 마음이 무너지기도 했겠지. 그런 너희의 아픔을 알기에…… 나는 너희를 처음 내 손으로 하나하나 빚을 때부터 너희를 위해 각오한 모든 사랑의 수고를 실행하기로 결정했다.

하지만 내게서 잘려 나가 죽어 버린 너희를 살리려면 내 안에 하나뿐인 나의 심장을 너희에게 주어야 함을 나는 알고 있었다. 내가 너희를 대신해 죽음을 경험하는 것이 너희를 살리는 유일한 길이었기 때문이다. 그래서 나는 지금 너희가 입고 있는 육체라는 가죽옷을 입은 것이다.

그렇게 30년이라는 시간을 너희 곁에 함께 있으면서 같은 눈높이에서 사랑해 왔다. 초월적인 사랑을 하던 내가 너희 곁에서 함께하는 사랑을 한 것이다. 그리고 드디어 그날이 왔다. 십자가 앞에서 그동안 함께 지냈던 제자들이 모두 나를 버리고 떠날 때 내가 손수 빚어낸 아담이 나를 버리고 떠났을 때처럼 가슴이 미어지더구나. 그럼에도 이 모든 아픔은 내가 감수해야 된다는 걸 나는 너무나 잘 알고 있었다. 너희와 함께 있어 주기 위해 입었던 육체의 가죽이 하나하나 찢겨 지고, 양손과 발에 구멍이 뚫려 버렸다.

나는 이미 오래전 내 종 이사야를 통해 너희를 너무나 사랑하여 너희 이름을 내 손바닥에 새겼다고 말해 왔다"내가 너를 내 손바닥에 새겼고 너의 성벽이 항상 내 앞에 있나니"_사 49:16. 많은 이가 "왜 두 손에 구멍이 났느냐?"고 묻더구나. 나도 모르겠다. 그저 너희를 사랑해서 너의 이름을 내 손바닥에 새기고 또 새겼더니 구멍이 나 있더구나.

나무 위에 달려 있던 시간은 분명 고통스럽고 힘든 시간이었다. 나는 나무 위에서 발가벗겨진 수치를 경험해야 했다. 그뿐만 아니라 하나님인 내가 저주받은 자라는 말을 들어야 했다. 하지만 나는 비참하지 않았다. 왜냐하면, 그것이 너희를 살리는 유일한 길이었기 때문이다. 아팠지만 그래도 죽었던 너희의 심장이 조금씩 뛰고 있는 소리를 들었기에 그 고통의 시간을 견딜 수 있었단다. 그렇게 너희는 나에게 가치 있는 존재란다.

어느 정도 나무에 달려 있었을까. 너무나 지쳐 있을 때 밑에서 나를 바라보던 자들이 조롱하며 나무 위에서 뛰어 내려오라고 말하더구나. 뛰어 내려오면 하나님이라는 사실을 믿어 주겠다며 말이다.

  그들에게 내가 참으로 세상을 만들고 너희 인간을 창조한 하나님이라고 말하고 싶은 마음이 들기도 했다. 하지만 나는 거절했다. 왜냐하면, 내가 내려가면 다시 뛰기 시작한 너희의 심장이 멈춰버리게 된다는 것을 잘 알고 있었기 때문이다. 내가 뛰어내리면 사람들은 잠시 나를 주목하겠지. 하지만 너희를 버리면서까지 나는 그런 주목은 받고 싶지 않았다. 그때는 내가 주목받아야 하는 시간이 아니라 내가 너희에게 주목해야 하는 시간이기 때문이다.

  나의 자녀들아! 너희는 나의 사랑이다. 너희는 하늘 보좌에서 나를 내려오게 할 만큼 가장 강력한 사랑 그 자체이다. 너희는 그렇게 내게 가치 있는 소중한 사람이다.

  나는 그들의 소리에 귀를 닫고 끝까지 십자가 위에서 내려오지 않았다. 너희는 알고 있니? 내가 내려오지 않고 거기서 죽었기에 너희가 살았다는 것을 말이다.

  로마 군인 중 하나가 내 뼈 중의 뼈와 같은 너희를 꺾으려고 했었지. 하지만 나는 그때 이미 숨을 멈추고 있었다. 내가 숨을 멈춰야 내 뼈 중의 뼈와 같은 너희가 꺾이지 않고 보호받을 수 있다는 것을 알았기 때문이다.

존귀한 나의 사랑아! 내가 다시 올 때까지 너희에게 작은 나무 십자가 하나를 지어 주려고 한다. 너희를 사랑했던 나의 사랑을 십자가를 지면서 기억하려무나. 그리고 내가 너희에게 준 십자가에서 내려오면 생명이 주어지지 않는다는 것 역시 기억하려무나. 물론, 힘이 들겠지. 그래도 사랑하는 이들을 위한 기도의 자리, 사랑의 자리, 아무도 알아주지 않아도 섬김과 겸손의 자리에서 내려오지 말아라.

그곳에서 내려오면 잠깐의 주목을 받을지도 모르겠다. 하지만 너희 품에 맡겨진 영혼들의 심장은 멈추게 될 것이다.

내려오지 마라. 제발! 그곳에서 내가 너희를 살리기 위해 죽었던 것처럼 너희도 그렇게 나와 같이 내려오지 않길 바란다. 그럴 때 너희가 살고 너희가 살리고자 하는 이들의 영혼도 살게 될 것이다. "내려오라"는 마귀의 소리에 귀를 닫고 끝까지 그곳에서 내려오지 않기를 바란다.

온 세상이 내게 이렇게 물었다. "하나님이 뭐가 아쉬워서 피조물인 인간을 위해 이렇게까지 하시는 겁니까?"라고 말이다. 그 이유는 오직 하나. 내가 너희를 사랑하기로 결정했기 때문이다. 너희는 내 생명보다 소중하단다. 너희는 하나님인 나의 모든 것을 걸게 만드는 가장 큰 가치이다. 너희는 나를 위해 존재하나,

나는 너희를 위해 존재하는 하나님이다.
너희는 하나님인 내 삶의 가치란다.

닫는 글

이사야 43장 21절을 보면, "이 백성은 내가 나를 위하여 지었나니 나를 찬송하게 하려 함이니라"는 말씀이 있다. 어릴 적 이 말씀을 읽을 때마다 어떤 절대자의 권위 앞에 체념할 수밖에 없음을 느꼈다. '그래, 창조주가 당신을 위해 우릴 만드셨다면 우리는 죽으나 사나 하나님을 위해 살아야 하는 거지 뭐!' 이런 식의 태도가 있었던 게 사실이다.

그런데 시간이 지나면서 이 말씀에 생략된 표현이 있음을 알게 되었다. 우리가 하나님을 위해 창조된 것은 분명하다. 그리고 우리는 하나님을 가치로 여기며 살아야 하는 존재이다. 그렇다면 하나님은 무엇을 위해 사셨을까? 감사하게도 성경은 우리에게 분명하게 말해 주고 있다. 하나님은 우리를 위해 사셨다고. 하나님의 역사는 우리를 위해 사신 역사이다. 그만큼 하나님은 우리 모두를 가치 있게 여기셨다. 하나님께서 우리를 위해 사셨다는 사실을 알게 될 때 비로소 우리도 기쁜 마음으로 그분을 위해 살게 되는 것이다.

앞에서 등장한 수많은 믿음의 사람들이 주장하는 공통적인 가치는 바로 하나님이다. 하나님을 얻었다면 모든 것을 다 얻은 것이기 때문이다. 우리는 하나님을 나의 전부라고 말하면서 내 삶의 작은 결핍이 오면 그분께 불평한다. 방금 하나님이 나의 전부라고 고백했으면서도 말이다. 우리의 신앙이 갈수록 미사여구가 하나씩 쌓이는 식의 싸구려 신앙이 되어 가는 건 아닌지 마음이 아프기만 하다.

내가 이 책을 통해 독자들과 나누고 싶었던 것은 딱 하나다. 성경에 수많은 믿음의 사람들이 하나님을 자신들의 인생 최고의 가치로 여기며 일생을 살았다는 것이다. 그리고 그 하나님은 우리를 가장 큰 가치로 여기며 사신다는 것이다. 성경이 단순히 우리의 눈물샘을 자극하고 감동을 주기 위한 책이 아니라면 우리도 그들과 같은 믿음의 삶을 추구해야 하지 않을까? 하나님께서 우리를 가장 큰 가치로 여기셨다는 사실을 깨닫게 될 때 우리 역시 하나님을 인생의 가장 큰 가치로 여기며 살아갈 수 있지 않을까?

기억하라! 하나님의 가치는 바로 당신이란 사실을.

가
치

초판 1쇄 발행 | 2020년 10월 15일

지은이 | 김현
발행처 | 마음지기
발행인 | 노인영
기획·편집 | 하조은 · 이연호
디자인 | 문영인
일러스트 | 임혜진

등록번호 | 제25100-2014-000054(2014년 8월 29일) **주소** | 경기도 수원시 영통구 광교중앙로 170, A동 1016호(하동, 광교효성해링턴타워) **전화** | 02-6341-5111~2 **FAX** | 031-893-5155 **이메일** | maum_jg@naver.com *이 도서의 국립중앙도서관 출판예정도서목록(CIP)은 서지정보유통지원시스템 홈페이지(http://seoji.nl.go.kr)와 국가자료공동목록시스템(http://www.nl.go.kr/kolisnet)에서 이용하실 수 있습니다.(CIP제어번호: 2020036513)

※ 책 값은 뒤표지에 있습니다.
※ 잘못 만들어진 책은 바꿔 드립니다.
※ 이 책은 저작권법에 의해 보호를 받는 저작물이므로 무단 전재 및 무단 복제를 금합니다.

ISBN 979-11-86590-32-4 03230

마음지기는 여러분의 소중한 꿈과 아이디어가 담긴 원고 및 기획을 기다립니다.

마음지기는 ─────

성공은 사람을 넓게 만듭니다. 그러나 실패는 사람을 깊게 만듭니다. 마음지기는 성공을 통해 그 지경을 넓혀 가고, 때때로 찾아오는 어려움을 통해서 영의 깊이를 더해 갈 것입니다. 무슨 일에든지 먼저 마음을 지킬 것입니다.
높은 산꼭대기에 있는 나무의 뿌리가 산 아래 있는 나무의 뿌리보다 깊습니다. 뿌리가 깊기에 견고히 설 수 있습니다. 마음지기는 주님께 깊이 뿌리내리고 그 어떤 상황에서도 주님을 찬양할 것입니다.
"하나님과 가까이 교제하고 교감하는 사람은 그렇지 못한 사람보다 더 행복하다"라고 마시 시머프는 말했습니다. 마음지기는 하나님과 교감하고 교제하기 위해서 하루 24시간을 주님과 동행할 것입니다.

───── "모든 지킬 만한 것 중에 더욱 네 마음을 지키라 생명의 근원이 이에서 남이니라" 잠언 4:23